Profit maximization × Excel＝Problem Solving

利益最大化
×
EXCEL
経理の力で
会社の課題がわかる本

小栗勇人
Hayato Oguri

本書内容に関するお問い合わせについて

このたびは翔泳社の書籍をお買い上げいただき、誠にありがとうございます。弊社では、読者の皆様からのお問い合わせに適切に対応させていただくため、以下のガイドラインへのご協力をお願い致しております。下記項目をお読みいただき、手順に従ってお問い合わせください。

●ご質問される前に

弊社Webサイトの「正誤表」をご参照ください。これまでに判明した正誤や追加情報を掲載しています。

　　　正誤表　http://www.shoeisha.co.jp/book/errata/

●ご質問方法

弊社Webサイトの「刊行物Q&A」をご利用ください。

　　　刊行物Q&A　http://www.shoeisha.co.jp/book/qa/

インターネットをご利用でない場合は、FAXまたは郵便にて、下記"翔泳社 愛読者サービスセンター"までお問い合わせください。
電話でのご質問は、お受けしておりません。

●回答について

回答は、ご質問いただいた手段によってご返事申し上げます。ご質問の内容によっては、回答に数日ないしはそれ以上の期間を要する場合があります。

●ご質問に際してのご注意

本書の対象を越えるもの、記述個所を特定されないもの、また読者固有の環境に起因するご質問等にはお答えできませんので、予めご了承ください。

●郵便物送付先およびFAX番号

　　　送付先住所　　〒160-0006　東京都新宿区舟町5
　　　FAX番号　　　03-5362-3818
　　　宛先　　　　　（株）翔泳社 愛読者サービスセンター

※本書に記載されたURL等は予告なく変更される場合があります。
※本書の出版にあたっては正確な記述につとめましたが、著者や出版社などのいずれも、本書の内容に対してなんらかの保証をするものではなく、内容やサンプルに基づくいかなる運用結果に関してもいっさいの責任を負いません。
※本書に掲載されているサンプルプログラムやスクリプト、および実行結果を記した画面イメージなどは、特定の設定に基づいた環境にて再現される一例です。

・・
※本書に記載されている会社名、製品名はそれぞれ各社の商標および登録商標です。

はじめに

会社の課題を見える化するのが経理の役割

「職業は？」と聞かれ、「経理です」と答えると、多くの人から「数字に強いんですね」という言葉が返ってきます。

確かに経理は数字に強くなければなりません。

では、数字に強いとはいったい何を指しているのでしょうか？

数字の強さとは、**会社の状態や事象について数字で語れる**ことを指します。そこで、経理にはさらに一歩先の「**情報収集**」「**情報管理**」「**情報提供**」といった能力が求められます。

ただし、これは経理のみに求められるスキルではなく、すべてのビジネスパーソンに求められる能力です。

本書では、経営側と現場側で起こりがちな数字についての認識のかい離を埋めるために、経理として必要になるスキルを軸に説明していきます。

本書は経理の方に向けた内容ではありますが、現場担当者が読むことで、会社の数字をどのように読み解けばよいのか理解できるような内容にもなっています。会社が成長するためには、現場担当者にも数字に強くなってもらう必要があります。

会社にはさまざまな「課題」があり、それを数字に「見える化」して提供するのが経理の役目です。しかも、数字を提供する方法に問題があれば、課題の本質にたどり着けない場合もあります。

[数値を使って現場担当者を動かす]

現場担当者が数字に強くなれば、経理には緊張感が生まれます。間違いを犯さないことはもちろんですが、なぜこのような数値になっているのかをきちんと説明できなければなりません。

たとえば、経営分析で非常によく用いられる「資本利益率」という数

値。これは、会計ソフトなどのシステムで簡単に出せる数値です。

しかし、この数値をそのまま提示して現場担当者に改善努力を求めても、なかなか響きません。経理にとって求められる数字の強さとは、会社の状態や事象を数字で示すことですが、語る数字は難しいものではなく、提供される側が理解できるもの、そこから何をするべきかを思案できるものでなければなりません。

本書を構成しているスキル

これらを踏まえて、本書ではそれぞれの章で経理に必要な7つのスキルについて解説しています。

[1. コミュニケーションスキル]

すべてのビジネスパーソンに必要な能力であり、経理にとっても必要な能力です。経理のシステム環境がITなどにより大きく変わる中で、これまでとは違う能力が求められる時代になってきています。その中で特に重要となってくるスキルがコミュニケーションスキルです。

いかに情報を取得し、いかに具現化し、いかに伝えるか。すべてにおいてコミュニケーションスキルがキーになります。

[2. 情報管理スキル]

経理にはさまざまな情報が集まります。情報をただ無造作に集めるだけでは役に立ちません。必要に応じて取り出して提供できるように情報管理しておく必要があります。本書では、それに加えてExcelのファイル管理についても紹介します。

[3. 情報収集スキル]

必要な情報が漏れなく経理の元へ集まってくるのが理想ですが、情報の質はさまざまです。紙に記された情報なのか、データ化された情報なのかによって処理速度は大きく異なります。可視化されていない情報をデー

タ化することも必要になるかもしれません。本書では、効率的かつ効果的な情報収集の方法について紹介します。

[4. 仮説立論スキル]

　問題を解決するには、まず問題が何かを認識しなければなりません。そこで利用するのが仮説です。仮説を立ててそれがあっているかどうかを検証することで、問題解決へとつながります。本書では、仮説を立てる方法などについて紹介します。

[5. 情報分析スキル]

　経理にとってなじみが深いのは、資本利益率などの経営分析と呼ばれるものです。本書では、Excelを利用してどのような分析ができるのかということをベースに紹介します。

[6. 情報提供スキル]

　経理の最終的な目的は決算書を作成することです。しかし、それ以外にも会議のために資料を作成したり、予算作成のために必要な資料を提供したり、各担当者から依頼された書類を作成したりと、さまざまな情報を提供する必要があります。本書では、Excelを使ってどのように資料を作成するかを中心に紹介します。

[7. 情報処理スキル]

　経理として押さえておきたいExcelの機能をまとめて紹介します。

　これらのスキルはそれぞれ独立して成り立っているわけではなく、補完する関係にあります。
　「2. 情報管理スキル」と「6. 情報提供スキル」の場合、会計システムにどのように情報を持たせるかによって、情報を提供する際の速さと正確さに違いが出ます。
　「3. 情報収集スキル」と「6. 情報提供スキル」の場合、収集できる情報

の質によって、提供できる情報の質が変わります。

「5. 情報分析スキル」と「7. 情報処理スキル」の場合、Excelの機能を使えばさまざまな分析が可能です。

もちろん、その他にもさまざまな組み合わせが考えられます。

[**自分で操作してみよう**]

書店に行くとExcelと名の付く書籍は数えきれないほどあります。

この書籍で紹介するExcelの機能は、それらで紹介されているものと大きな違いはありません。実務上で使える機能はどこも似たりよったりで、あとはそれをどのように活用するかです。

そのため、本書では網羅的にExcelの機能を紹介するのではなく、どのように活用するかに重きを置いて紹介することで、実務で役立てることができる構成にしています。

本書によって、経理業務にExcelを効果的かつ効率的に活かすことの手助けになれば幸いです。

2017年9月

小栗 勇人

CONTENTS

CONTENTS

はじめに ……………………………………………………………… 03
Excel サンプルファイルのダウンロードについて ……………… 12

Chapter 01 コミュニケーションスキル
～会社の数字を理解してもらうには～
13

Section 01	コミュニケーションは情報整理の土台 …………………… 14
Section 02	仕組みを利用する側から構築する側へ …………………… 19
Section 03	なぜ予算が必要なのか？ …………………………………… 21
Section 04	議論が起きる資料を提供する ……………………………… 24
Section 05	従業員を1人雇うのに必要な費用とは？ ………………… 28
Section 06	規程などの社内ルールを理解しておく ………………… 34
Section 07	業務フロー図を作成して業務フローを見える化する …… 39
Section 08	マニュアルを作成して上手に伝達する …………………… 47

Chapter 02 情報管理スキル
～会社の数字を上手に活用する～
51

Section 01	情報管理は経理業務の根幹 ………………………………… 52
Section 02	原価計算基準が情報管理のベース ………………………… 55
Section 03	会計システムに登録する情報を工夫しよう ……………… 62

Section 04	補助科目の活用で情報は整理される ……………………………… 65
Section 05	「雑費」は極力使わないという考え方 ……………………………… 70
Section 06	人件費管理のための勘定科目と補助科目の活用法 ………… 73

Chapter 03 情報収集スキル
～必要なものを手に入れる～
77

Section 01	情報収集の効率化こそ経理業務の効率化 ……………………… 78
Section 02	SmartArtを使って個別の業務フローを作成する …………… 84
Section 03	情報をデータで取得できるさまざまなクラウドサービス …… 87
Section 04	Excelで情報収集しよう ……………………………………………… 93
Section 05	インポートとエクスポートを理解しよう ………………………… 98
Section 06	データの中身を理解しておこう …………………………………… 102
Section 07	ExcelをCSVに変換する …………………………………………… 104
Section 08	CSVをExcelに変換する …………………………………………… 108

Chapter 04 仮説立論スキル
～論理的な経理になる～
123

Section 01	仮説立論の目的は行動を起こさせるため ……………………… 124
Section 02	仮説立論には「基準」となる数字が重要 ……………………… 128
Section 03	「予算」の必要性 ……………………………………………………… 132

CONTENTS

Section 04　予算作成の３つのポイント ……………………………………… 135
Section 05　予算作成の流れ …………………………………………………… 137
Section 06　予算作成の手順 …………………………………………………… 142

Chapter 05　情報分析スキル
～経理に必要な分析の視点とは～　　　　　　　　153

Section 01　「分析」とは何か？ ……………………………………………… 154
Section 02　ピボットテーブルとは …………………………………………… 157
Section 03　ピボットテーブルを利用した管理会計資料の作成 ………… 165
Section 04　配賦についての考え方 …………………………………………… 179
Section 05　ピボットテーブルの機能を活用した分析方法 ……………… 184

Chapter 06　情報提供スキル
～相手の知りたい情報を確実に届ける～　　191

Section 01　ピボットテーブルを利用した資料作成のコツ ……………… 192
Section 02　ピボットテーブルの数値を参照するGETPIVOTDATA関数
　　　　　　 ……………………………………………………………………… 202
Section 03　ピボットテーブルを活用したグラフ作成 …………………… 210
Section 04　集計表を扱う場合の印刷設定 ………………………………… 221

情報処理スキル
〜業務効率アップのテクニック〜 225

Section 01	ショートカットキーの活用で業務効率UP ……………………… 226
Section 02	よく利用するメニュー機能は クイックアクセスツールバーに追加 ……………………… 232
Section 03	保存せずに閉じてしまったファイルを復元する 便利な機能 ………………………………………………… 236
Section 04	さまざまな貼り付けの方法と使い分け …………………… 239
Section 05	相対参照と絶対参照と複合参照 …………………………… 244
Section 06	フィルター機能を効率的に利用するポイント …………… 254
Section 07	経理なら必ず使いこなしたいVLOOKUP関数と エラーの対処法 …………………………………………… 255
Section 08	覚える関数を少なくするいろいろな方法 ………………… 266
Section 09	文字列や数値を操作する関数 …………………………… 280
Section 10	F9 F10 でローマ字入力を英数字に変換 ……………… 282

Excel サンプルファイルのダウンロードについて

本書では、Excel の活用方法についてさまざまな解説を行っています。
解説に登場する Excel ワークシートは
下記の URL から無料でダウンロードできます。
自分の手で実際にワークシートを確認したり、
アレコレと操作してみたりすると、より学習効果が高まります。
また、ワークシートは学習用途として使うだけでなく、
実務にもご活用いただけます。
自身の業務に合わせ、自由にカスタマイズしてお使いください。

  http://www.shoeisha.co.jp/book/download/9784798152677

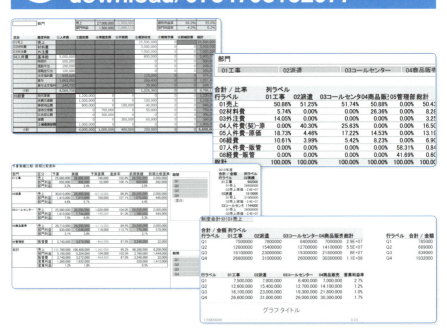

- サンプルファイルをダウンロードし利用するには、インターネット接続環境に加え、PCにMicrosoft Excelがインストールされている必要があります。
- 各ファイルは、Microsoft Excel 2016で動作を確認しています。以前のバージョンでも利用できますが、一部機能が失われる可能性があります。
- サンプルファイルの著作権は著者が所有しています。許可なく配布したり、Webサイトに転載したりすることはできません。
- やむを得ぬ事情で、サンプルファイルの提供を終了することがあります。あらかじめご了承ください。

Chapter 01

コミュニケーションスキル
～会社の数字を理解してもらうには～

企業が人に求めている能力に「コミュニケーション」があります。
これは、経理にとっても必要な能力です。経理の主な仕事は、
各部門から提出された書類に基づいて集計表を作成することです。
しかし、近年の経理のシステム環境はクラウドサービスの
広がりによって大きく変わってきています。
これまで経理が行っていた仕訳などの単純な入力作業は、
システムが自動で行うのが当たり前となっていくでしょう。
その中で経理として求められるのは、「仕組みを作る」能力です。
そのためには各部門の仕事のやり方やどのような流れで業務が
回っているのかなどを知らなければなりません。
そのために必要なのがコミュニケーション能力になります。

Section 01 コミュニケーションは情報整理の土台

「コミュニケーション」とは？

　突然ですが、「コミュニケーション」とは何でしょう。『大辞林 第三版』（三省堂）を見ると、「人間が互いに意思・感情・思考を伝達し合うこと。言語・文字その他視覚・聴覚に訴える身振り・表情・声などの手段によって行う」と定義されています。

　仕事は相手があってはじめて成り立つものです。仕事がそれを前提とする以上、**互いに意思・感情・思考を伝達し合う「コミュニケーション」のスキルは、経理にとっても必須のもの**です。

　私は、経理にとって、コミュニケーションスキルがこれからますます重要になると考えています。なぜなら、経理に求められる仕事の質が、「仕組みを利用する側」から「仕組みを構築する側」に変わっていくからです。そのため、今までも必要であったコミュニケーションスキルが、より求められるようになります。この仕事の質が変わることについては、次節で詳しく述べます。

　ここではまず、本書でいうコミュニケーションスキルとは、次の7つに対する能力であると定義しておきたいと思います。

- 質問する
- 雑談する
- 相談する
- 説得する
- 説明する
- 報告する
- 交渉する

これらは、言葉にすると単純に見えますが、それぞれに難しさがあります。先ほど、仕組みを構築することが求められると書きましたが、そのためにはこれらのすべてが必要となります。

それぞれの中身について詳しく見ていくことにします。

[質問する]

何か新しいことを始めようとしているときや、何かしらの仕組みを変更したいときに必要となるのが、質問のスキルです。

たとえば、経費精算システムを変更する場合、まず現状の問題点や不便な点を、利用者からヒアリングする必要があります。このとき、ただ「現状のシステムに不満はありませんか」と問いかけても、相手は答えにくいでしょう。現状の業務フローを示しながら、どの作業において手間が発生しているのか、といったように聞き方を工夫する必要があります。つまり、「質問力」が必要になります。

[雑談する]

質問しなくても、普段の何気ない会話から、さまざまな情報を得ていることは少なくありません。

「この作業が面倒で」
「意外とこの作業に時間がかかるんだよね」

明確な要望としていったわけではなく、ちょっとした雑談程度の話にも、業務改善のネタが詰まっています。先ほどのシステム変更の例でいうと、利用者にヒアリングを行う際に、

「そういえば以前、こんな不満をいっていたけれど……」

このように切り出して、実際のヒアリングに入ると、相手もそれをきっかけに話をしやすくなります。その人が要望としていうほどではないと

思っているようなことでも、実は多くの人の役に立つ改善になることがあります。

相手の言葉を利用することは、コミュニケーションスキルにおいて重要です。相手の言葉を収集するために雑談は非常に役立ちます。

余談になりますが、私の会社で運用している基幹システムは、ある意味で雑談から産まれたといえます。それまで見積決裁書や売上伝票などは各担当者がExcelで作成し、印刷して紙で各承認者に承認印をもらっていました。ところが、あるとき取締役が「捺印をするのが大変だ。どうにかならないものか」といいました。これは指示ではなく、何気ない発言でした。各種書類が紙で提出されている状況をどうにかしたかった私は、この言葉を根拠に電子決裁によるペーパーレス化を押し進めました。

[相談する]

相談とは、「問題解決や物事を決めるために、話し合ったり他人の意見を聞いたりすること」です。しかし、相談することの利点には、相談した相手が味方になってくれるという点があります。多くの人は相談されることが好きで、何かしらのアドバイスをするものです。そして自分の出した意見は肯定するものです。雑談の中での言葉を集めておくことの有用性を述べましたが、相談で得られるアドバイスや意見も同じように利用することができます。

[説得する]

特に新しい仕組みを導入するような場合、業務処理の方法を変えることになるため、社内から拒否反応や反発が出てきます。このような場合、自分の個人的な見解を述べるだけでは、なかなか説得できません。

このとき、他の人の立場を代弁するのが有効です。

「この機能があれば、承認者が承認しやすくなります」
「新しいシステムになれば、あの部署の手間は確実に減ります」

各社員の要望や不満を、質問や雑談の中で集めておくことで、説得時に使える材料が増えます。また、地位に関係なく、会社にはキーマンとなる人が存在します。「あの人がいっているなら、しょうがないかな」と思われているような人です。キーマンの言葉を使うことで、より説得力を持たすことができます。

[**説明する**]

　システムの設計が済んで、実際に運用を開始するにあたっては、利用者に対して説明会などを行う必要があります。利用者にとってわかりやすく伝えるためには、言葉だけではなく、実際のデモ画面やマニュアルを用意する必要があります。

　システムに限らず、新しく始めることに完璧なものはありません。ここでいう完璧なものというのは、エラーが発生しないものということではなく、「誰もが不満なく始められる」という意味です。いくら優れたシステムであっても、人はこれまでの慣れているものから新しいものに変わることに抵抗感を覚えるものです。

「今のままで十分でしょう」
「新しいことを覚えるのは面倒くさい」
「経理がラクをしたいだけなんじゃないの」

　こういった反応をする人は必ずいます。その中で新しい仕組みを動かすには、導入前から導入後まで、常にコミュニケーションを取る必要があります。

　実際のところ、私も基幹システムの導入をした際にいろいろな不手際や配慮のなさから、関係各所に怒られたことがありました。それでも、しっかり説明する姿勢と努力を見せたことで、今では各担当者に利用してもらっています。

[報告する]

　経理はいろいろな資料を利用して報告を行います。わかりやすく報告するのはもちろん、過不足なく情報を提示することが求められます。報告資料は、毎月の会議で利用するようなテンプレートが決まっているものから、突発的に依頼されるものまでさまざまです。

　どのような資料を作成するかを考えることは大切ですが、そもそも依頼者に対して提供できる情報を持っているのか、持っていないのであればどこから集めるのか、などの判断が必要となります。

[交渉する]

　経理でもさまざまな交渉事が生じます。その中でも経理にとって重要なのは、予算策定のときの交渉です。予算策定については後段で取り上げますが、経理には経営層と現場との間に入って折衝する役割が求められます。その際には、相手の要望を一定の範囲で受け入れつつ、会社として譲れないポイント、つまり妥協点を見出さなければなりません。

　経理として交渉にあたる場合は、それぞれの提示する予算値について、何をもってその数字になっているのかを理解する必要があります。そのためには、現場にゼロから予算を検討してもらうのではなく、予算の組立てに使う資料を提供し、それをベースに数字を積み上げてもらうのが現実的です。

　たとえ社内であっても、ビジネスの世界では根拠を提示しないと信用されません。経理にとってその根拠とは、主に会計データから出てくるものです。さらに、現場にとって理解しやすいものを提供できるかどうかは、会計データを正しく管理し、それに基づき分析し、提供できるかにかかっています。それが予算のための情報収集にもつながるわけです。

Section 02 仕組みを利用する側から構築する側へ

求められる経理業務の変化

　前節で、経理の仕事は「仕組みを利用する側」から「仕組みを構築する側」へ変わると述べました。なぜ、このような変化が求められるようになるのでしょうか。

　かつて、経理の主な業務といわれていたのは、「仕訳を行い、決算書を作成すること」でした。ここでいう決算書とは、貸借対照表や損益計算書など、定められたルールに従って作成された財務諸表のことです。利害関係者に対して、会社の財務状態や経営成績を公開する義務があるために必要なもので、これを財務会計といいます。しかし現在は、会計ソフトや基幹系情報システム（以下ERPという）と呼ばれるシステムなどにより、仕訳をすれば試算表や決算書は自動的に作成されるようになっています。

[**代替される経理の事務作業**]

　そして昨今は、フィンテック（FinTech）というキーワードが、経理を含めた経営環境を騒がせています。フィンテックとは、finance（金融）とtechnology（技術）を組み合わせた造語で、IT技術を金融系の分野に活用するもの全般を指します。経理の分野では、会計ソフトや経費精算システム、ERPなどのクラウドサービスがこれにあたり、経理が行っていたさまざまな事務処理は、フィンテックによって代替されるといわれています。

　経費精算システムを例にいくつか紹介しましょう。あるシステムは、写真で請求書や領収書を撮影すると、OCR（光学式文字読取装置）で取引内容を確認し、勘定科目などを自動的に選択して仕訳データに変換してくれます。他にもスマートフォンで領収書を撮影してアップロードすると、オペレーターが写真で確認して仕訳データを登録してくれます（図1-1）。

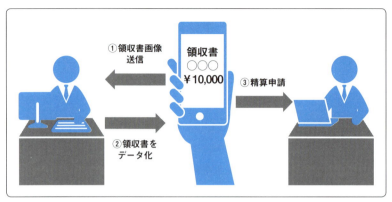

図1-1：システムが代行する人間の作業

　このように、それまで人間が行っていた作業は、次々とシステムがやってくれるようになります。各種資料もシステムが作成する時代になっていくのは、想像に難くありません。

[**求められるのはサービスを選別する能力**]

　これまで、新しいシステムを導入するには、システム構築やサーバー設置などに多額の初期投資が必要となる場合がほとんどでした。しかし、クラウドサービスを利用すればこれらの費用がかからないため、初期コストを安く抑えることが可能で、よりシステム導入がしやすい環境になっています。

　そうなると、経理の役割として求められるのは、**自社に適したサービスを選別する能力**です。たとえばクラウド会計サービスの場合は、影響を受けるのは経理部門だけですが、経費精算サービスであれば、全社的に導入支援をしなければなりません。ERPであれば、そもそもの現状のやり方を大きく変更する必要が出てくる可能性があり、実際に運用するための仕組みを構築するのが大変になります。

　当然ながら、導入するシステムの領域が広いほど、関係者は多くなり、検討しなければならない要件が多くなります。そのためにコミュニケーションスキルが求められるのです。

Section 03 なぜ予算が必要なのか？

予算でまず押さえておくべき点

なぜ「予算」が必要なのか、会社は社員に説明できているでしょうか？

その際、「会社員である以上は、与えられた数字を達成するのが当然だから」というような理由では、きちんとした説明になっているとはいえません。

「予算なんて作っても、思い通りになるものでもない」という話をよく聞きます。実際に予算実績管理をしている立場として、その意見はよくわかります。しかし、予算は会社を維持していくためには非常に大切なものです。

なぜ、コミュニケーションスキルの章で予算について述べるのかというと、社員に理解をしておいてもらわなければならない大事なことだからです。

[会社は成長しなければならない]

会社にとって予算が必要である最も大きな理由は、「**会社は成長しなければならない**」というものです。会社はこの前提条件で成り立っている存在であることを理解しなければなりません。

社長であれば、自分の会社を成長させなければいけないと思うのは当然でしょう。それと同時に、従業員にとっても会社は成長してもらわなければならない存在です。なぜかというと、会社の成長とは売上や利益の増大を意味するからです。言い換えると次のようになります。

会社が成長しない＝売上や利益が毎年一緒

これはつまり、社員を昇給させるための原資が生み出せていないということです。社員も年齢を重ねる中で、結婚や育児、子どもの進学などさまざまなライフプランがあり、同じ給料では生活を維持していくことは困難です。つまり社員の生活を保障し、雇用を維持するためにも給料を上げる必要があるわけですが、そのために会社は成長をしなければならないのです。

　原価が人件費しかないと仮定して、売上が一定で、人件費が毎年増加していくとした場合のイメージは、図1-2のようになります。人件費の増加分だけ毎年利益が減っていき、数年後には赤字に陥ります。

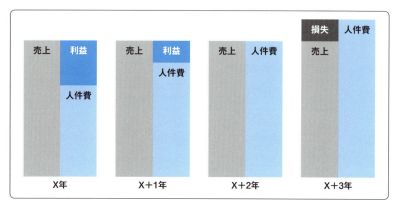

図1-2：成長していない会社と人件費の関係（イメージ）

[人材流出のリスク]

　もちろん、実際はこのような単純なものではありませんが、会社の成長が必要な理由はわかるのではないかと思います。

　何年も給料が増えないという状態がずっと続くと、社員は転職を考えます。また、転職を考える理由は、生活費の問題だけではなく、周りと自分を比較したときの評価の差によるものもあります。入社して一定以上の年数が経つと、役職を与えられる人が増えます。

　しかし、会社が成長せず新しい社員が入社しない状態では、いつまでも役職が付かないということになってしまいます。そうなると、他の会社に

勤める知人などとの差から、自分の会社に嫌気がさすようになるのは当然の流れです。

次々と社員が会社を辞めていったら、会社は現状維持すら難しくなります。それを避けるためにも、会社は投資をして事業を拡大し、成長させる必要があります。投資というと、新しい設備やシステムを導入することをイメージするかもしれませんが、人への投資がまず第1であり、昇給はその代表的なものです。

人こそ会社の資本です。人がすぐに辞めるような会社では成長は期待できません。つまり、会社の成長→人への投資→会社の成長……という「成長サイクル」を生むためにも、予算は必要なのです。

ちなみに、会社の成長とは売上や利益を伸ばすこと、と書きましたが、投資をするという目的を考えると、利益のほうが重要なことはいうまでもありません。

Section 04 議論が起きる資料を提供する

資料作成が目的化している？

　経理はさまざまな資料を作成します。では、その資料を作成する目的は何でしょうか？　中には惰性で作り続けている資料があるのではないでしょうか？

　資料作成の目的は、何かを「伝える」ことです。そのためには、**「伝えるべきこと」が明確になっている**ことが重要です。経理が作成する資料は数字を通したコミュニケーションです。資料で「伝えたい」ことは明確になっているでしょうか？

　作成することが作業化してしまっていると、「伝えるべきこと」が薄れていってしまう危険性があります。今一度、現在作成している資料の目的、そして「伝えるべき」ことが明確になっているかを確認していきましょう。

2つの種類の報告資料

　経理が作成する資料は大きく分けて2種類あります。1つは「**外部報告目的**」。もう1つは「**内部報告目的**」です。

　「外部報告目的」は定められたルールに基づいて作成される貸借対照表や損益計算書などの財務諸表のことで、いわゆる「制度会計」と呼ばれるものです。

　会社ごとの基準を用いて作成した場合、株主や債権者などの利害関係者が会社の財務状態や経営成績を正確に理解できません。そのために「会社法」や「税法」があります。また、上場企業であれば「金融商品取引法」などの法律や企業会計原則などの統一のルールが定められています。

それに対して「内部報告目的」は、会社の中での経営管理を目的として作成されるもので、いわゆる「管理会計」と呼ばれるものです。外部関係者に見せることを目的としていないため、利用方法や表示方法などに決まりはありません。

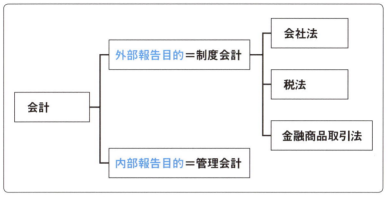

図1-3：制度会計と管理会計のイメージ

会社のさまざまな経営判断を行うためには、制度会計のルールに縛られるのではなく、あらゆる角度から分析・集計した多種多様な資料を作成することが必要です。そうすれば、経営者や各責任者に対して、現在の問題点を伝えることができます。

外部報告目的も内部報告目的も「伝える」ことを目的としているものです。ただ「誰に」「何を」伝えるかが異なります。なお、本書では、「内部報告目的」の管理会計を中心に説明しています。

議論が起きる資料とは？

現在作成している資料は、いつからそのフォーマットになっているかわかりますか？　前任者から引き継いだ資料の場合、いわれるがままに作成しているケースは少なくありません。そもそも、その前任者もその前の人から引き継いだため、なぜ現在の資料になっているかがわからないケースもあるかもしれません。

もちろんその場合でも、資料を作成するにあたり自分できちんと理解をした上で作成できているのであればまだ問題はないでしょう。しかし、以前から作成しているからという理由で資料を作成しているのであれば、一度じっくりと資料を見返してみることをおすすめします。

　資料を作成している経理の立場としては、作成した資料について何も聞かれずそのまま次の議題へ移ってくれれば、こんなにラクなことはありません。ただ、それでは資料を作成している意味がありません。売上も利益も何も問題なく会社が経営されているなら、それでもよいかもしれません。しかし、何も問題が起きていない順風満帆な会社はないでしょう。問題が起きているのであれば、資料上で伝えなければなりません。

[段階を踏んで説明する重要性]

　昔から作成している資料を変えるのは手間がかかることです。それまでの資料を変えることになりますから、前任者に気兼ねすることでもあります。また、資料を提供される立場で考えても、その資料を役立てている人もいるわけですから、何も説明がないままに変えられたのでは面食らうかもしれません。

　では、変えるにはどのようにすればよいのでしょうか？　それは、きちんと段階を踏みつつ説明をすることです。会議で資料を提供している相手に、現在作成している資料について意見を求めてみましょう。出てきた意見を参考に、現在の資料での至らない点を改善し、自分の考えも盛り込んだ上で、実際に資料を作ってみましょう。

　次に、経理部の中で話をしてみましょう。もちろん変える必要はないという判断もあるでしょう。しかし、そういった声があることを共有することは大切です。

　私の経験を正直に話すと、前任者が諸事情によりいなくなったため、前任者に対して気兼ねすることなく報告資料を変えることができました。しかし、変更する前に社内の人たちに話を聞いてみると、「正直、報告資料をどう見ればよいかわからなかった」という意見もちらほらありました。「他の人には役立っているようだから、口に出していわなかった」という

意見でした。

　「資料の内容が伝わっていない」状態はよくありません。そして、それをいうのがはばかられるのはもっとよくない状態です。資料を見直すのと合わせて、提供される側へ伝わる資料作成を心掛けることにより、議論が生まれる資料へとつながっていくのです。

Section 05 従業員を1人雇うのに必要な費用とは？

従業員には実感しにくい会社の負担

　予算が必要となるのは、人へ投資するお金を維持するためと書きました。多くの会社にとって最大の費用は人件費、従業員にとっての給料です。

「人を1人雇うと1,000万円」

こんなことを聞いたことはないでしょうか？

「そんなたくさんの給料はもらっていないよ」

　社員の立場からするとそう思うはずです。
　では、1,000万円という金額はどこから出てきたのでしょう。これは、人を雇った際に発生する給与以外の費用を含めると総額これぐらいになるという金額です。
　この話題をコミュニケーションの章で取り上げたのは、このことは従業員に知っておいてもらうべきものであり、そのために経理もきちんと理解しておかなければならない内容だからです。
　従業員は、交通費や交際費などを実際に利用して精算しているので、どれだけ費用が発生しているか実感できると思いますが、自分自身の給料やその他の人件費が会社の収支にどのように反映されるのかまで実感できている人は多くはないと思います。
　給料明細を通じて自分の給与がどのような仕組みになっているのかを説明し、会社がどれだけ負担しているのかを理解してもらうようにしましょう。

給与明細の見方

簡単な給与明細のイメージを説明します。表1-1を参照してください。「給与支給額」に比べ「手取り額（差引支給額）」が少ないのはさまざまなものが「控除」されているからです。給与支給額と手取り額で約1.3倍の差があるのがわかります。

表1-1：典型的な給与明細のイメージ

支給	基本給	時間外手当	通勤手当				①給与支給額
	340,000	10,000	20,000				370,000
控除	健康保険料	介護保険料	厚生年金保険料	雇用保険料	所得税	住民税	②控除合計額
	17,838	2,970	32,728	1,110	8,140	21,500	84,286
							③差引支給額
							285,714

給与明細を単純にとらえると「支給」と「控除」の2つの項目に分かれています。「支給」と「控除」にはいろいろなものがありますが、表1-1では代表的な項目を表記しています。「支給」には資格取得手当などが、「控除」には社員会の会費や財形貯蓄が考えられます。

「会社負担額」と「手取り額」の差異

給与明細で、給与からさまざまなものが引かれているのを見てもらいました。次に、それぞれの金額がどのように決まったのか、何の目的で引かれているのか、会社が負担しているのはどの程度なのかについて説明します。

言葉で説明する前に、比較表（表1-2）でどれだけ違いがあるかを見てみましょう。

表1-2：月給における社員の手取り額と会社の負担額

支給者情報　年齢：41歳、標準報酬：360,000円、扶養人数：0人

項目グループ	項目名	手取り額	会社負担額	保険料率（%）	会社負担料率（%）
給与支給額	基本給	340,000	340,000		
	時間外	10,000	10,000		
	通勤手当	20,000	20,000		
	小計	370,000	370,000		
社会保険（狭義）※1	健康保険料※3	17,838	17,838	9.91	4.955
	介護保険料※4	2,970	2,970	1.65	0.825
	厚生年金保険料	32,728	32,728	18.182	9.091
	子ども・子育て拠出金	0	828	0.23	0.23
労働保険※2	雇用保険料	1,110	2,220	0.9	0.6
	労災保険料※5	0	1,295	0.35	0.35
税金	所得税	8,140	0		
	住民税	21,500	0		
	合計	285,714	427,879	31.222	16.051

※1：協会けんぽ平成29年度保険料額表の東京都の保険料率
　　URL：https://www.kyoukaikenpo.or.jp/g3/cat330/sb3150/h29/h29ryougakuhyou4gatukara
　　都道府県ごとで保険料率は異なります
※2：厚生労働省HP-労働保険料の負担割合
　　URL：http://www2.mhlw.go.jp/topics/seido/daijin/hoken/980916_3.htm
※3：料率は所属保険組合によって異なります
※4：40歳以上65歳未満が対象
※5：卸売業・小売業、飲食店または宿泊業の料率

月額支給額の「手取り額」と「会社負担額」の合計を見ると、月額で約14万円の差があります。

次に、表1-3を見てください。社会保険（狭義）と労働保険の料率は給与と同じなのでまとめています。

表1-3：賞与における社員の手取り額と会社の負担額

項目グループ	項目名	手取り額	会社負担額	保険料率（％）	会社負担料率（％）
賞与支給額	賞与	680,000	680,000		
社会保険（狭義）	健康保険料	33,694	33,694	9.91	4.955
	介護保険料	5,610	5,610	1.65	0.825
	厚生年金保険料	61,819	61,819	18.182	9.091
	子ども・子育て拠出金	0	1,564	0.23	0.23
労働保険	雇用保険料	2,040	4,080	0.9	0.6
	労災保険料	0	2,380	0.35	0.35
税金	所得税	35,337	0		
	合計	541,500	789,147	31.222	16.051

賞与支給額の「手取り額」と「会社負担額」の合計を見ると、1回の賞与で約25万円の差があります。

「手取り額」と「支給額」と「会社負担額」の差異

これまで計算した金額を積み上げて、それぞれでどれくらいの差異になったのか比較してみましょう。

手取り額：支給額　　　450万：580万→約130万（約1.29倍）
支給額：会社負担額　　580万：670万→約90万（約1.16倍）
手取り額：会社負担額　450万：670万→約220万（約1.49倍）

「従業員を1人雇うと1,000万円」まではいきませんが、従業員に支払っている金額よりも多くの費用がかかっていることがわかります。

予算における人件費

先に述べたように企業にとっての最大の費用は人件費です。予算組みをするにあたり、人件費をどのように試算するかは非常に重要です。

費用を固定費と変動費に分ける固変分解という考え方があり、人件費は固定費に分類されます。しかし、人件費には変動要素が多いです。時間外手当はその代表的なものですが、時間外手当が増えれば標準報酬が増え、社会保険料も増えます。基本給が増えれば、同じ時間残業してもそれ以前より残業代は多くなります。

基本給も昇給などにより増えますが、いくら上げるかの見通しを早めに出してもらうことが理想です。しかし、実際に人員計画が年度開始ぎりぎりになることはめずらしくありません。また、人事に関わることなので会社内でも公にできない場合もあります。

管理会計では部門別収支を見ることが多いです。人員が1人増減するだけで大きく部門利益が変わります。見通しが難しい中でも、部門として達成するべき売上と利益があります。そのために従業員を1人雇うためにかかる人件費をきちんと理解し、基本給がこれぐらいだと人件費としてこれ

ぐらい見込んでおくべきというモデルを用意して、予算を組んでもらう必要があります。

　先に書いた「従業員を1人雇うと1,000万円」の試算には、募集広告費やデスクなどの備品費を含めているのではないかと思います。しかし、採用にかかる費用は市場状況によって異なってきますし、デスクなども余りがあって用意する必要がないのであれば、新たに費用はかかりません。

　予算を検討する上で、それらの付随する費用は人件費に含めるのではなく、何人採用するからいくら費用がかかるのかを会社全体で試算するほうがよいでしょう。

Section 06 規程などの社内ルールを理解しておく

　「規程」とは、会社を組織的に運営していくために必要な「規則」「規定」「基準」「要綱」などを定めたものです。「規程」と一口でいっても、会社により定めるべきものはさまざまですし、法律により作成を義務付けられているものもあります。

規程と規定とは何か？

　「規程」には「規程」の他に「規則」「規定」「基準」「要綱」「細則」など、さまざまな言葉が出てきます。会社によってどのように定めているかは異なりますが、混乱しやすい「規程」と「規定」の違いについて理解しておきましょう。

- 規程：特定の目的のために定められた一連の条項の全体をひとまとまりとして呼ぶ語。
- 規定：物事のありさま（ありようと同義）ややり方を決まった形に定めること。

　なお、『大辞林 第三版』（三省堂）によれば、「規程」が規則全体をひとまとまりとして指しているのに対し、「規定」は1つひとつの条文を指すそうです。
　「規程」は「規定」の上位に位置付けられます。実際のところ、企業において「規程」以下に何を位置付けるべきか明確になっているものはありません。「基準」や「要綱」「細則」などを設けている会社もあります。
　「規程」の変更には取締役など上位役職者の承認が必要となる場合が多いです。しかし、あらゆる変更について取締役の承認を必要とするのは現実的ではありません。そこで、「規程」の下に「基準」や「要綱」などを

設けている場合がほとんどです。「規程」では基本事項のみを定め、より具体的な計算方法などについては「基準」で書くという方法を採ります。「基準」や「要綱」の変更は主管部長の承認に設定しているケースも多く、「規程」に比べ変更が容易です。

「規程」と「基準」の関係をもう少しわかりやすくイメージしてもらうために、減価償却費の計算方法を変更したケースを例に説明してみましょう。

平成28年度法人税関係法令の改正で、減価償却費の方法が一部変わりました。減価償却費は「経理規程」で定めているので、変更する必要があります。

私の会社では「経理規程」で「減価償却の方法及び償却率については、別に定める『経理処理基準』で行う」と定めていました。つまり「経理規程」の変更ではなく、下位の「経理処理基準」を変更すればよいわけです。

上記で説明したように、「経理規程」を変更する場合は取締役会の承認が必要となりますが、「経理処理基準」であれば主管部長の承認で変更が可能ですので、手続きが容易です。

「経理規程」とは何か？

経理の立場であればまず押さえておくべきは「経理規程」です。

「経理規程」の目的は、経理処理方法を明確にして、業務を正確に効率的に行うことにあります。「経理規程」は法律によって作成が義務付けられているものではありませんが、内容は会社法や企業会計原則などを踏まえたものでなければなりません。

たとえば、管理の手間を省くためといって法的な保存期間内の書類を処分することは認められません。「経理規程」に規程された方法により処理されるものは、数字として反映されるものがほとんどです。ひいては関係各部門の業績などにも結び付くので、経理が勝手に変えてよいものではありません。

しかし、「経理規程」の目的は業務を正確に効率的に行うためのものであり、現実の運用に煩雑性が生じて、より効率的な方法があるのであれ

ば、きちんとした手続きに基づいて変更することも必要です。

「規程管理規程」とは何か？

　「経理規程」を変更する場合、どのような手続きを取るべきかを理解しておく必要があります。「規程」にはさまざまなものがあると書きました。それらの「規程」に関して管理するために「規程管理規程」があります。規程を変更する際に必要な承認行為や書類などについて書かれています。

「職務権限規程」とは何か？

　「職務権限規程」とは、組織規程の中で定められている職務規程について、より詳細な権限について定めているものです。仕組みを変えるためには押さえておかなければならない規程です。それまでの仕組みを変えるとしても、職務権限規程をきちんと踏まえたものでなければなりません。書面決裁から電子決裁になったからといって、それまでの承認決裁が変わるわけではないからです。

「文書管理規程」とは何か？

　営業活動の中で生じる取引にはそれを裏付ける文書がやり取りされます。経費を精算するのには必ず領収書などの証憑（しょうひょう）が必要となります。それらの文書は法律で求められている期間は廃棄することはできません。

　昨今、電子帳簿保存法が改正されたことにより、文書保存を紙文書から電子文書にしようとの流れがあります。たとえばスキャナ保存による電子文書保存を行う場合、処理方法によってはどのような処理手順で行うかを決めておく必要があります。

規程を理解することの重要性

　規程にはこれまでに取り上げたもの以外にもさまざまなものがありますし、会社によっては存在しない規程もあります。規程には会社の在り方や役職における職務の範囲や職務権限、職務のやり方や処理基準が明記されています。

　業務は規程に基づいて行われていますが、別の人から引き継いで作業方法を知ることも多く、規程にどのように書かれているか知らずに行っている場合も少なくないのではないでしょうか。**規程をきちんと理解しておくことで、なぜその作業が必要なのか他の人に説明することができます。**

　業務の効率化を図る場合にも、規程を満たすものでないと会社としてOKを出すことはできません。逆にとらえるならば規程をきちんと満たしているという説明ができれば、上位者へ対しての説明が通りやすくなります。

　「規程に書いてある」という言葉は、相手への説得力があると同時に反論を奪う言葉でもあります。説得はできても納得を得られない場合もあるので、相手の言い分を理解した上で、でも規程上できないといったような言い回しで利用するようにしましょう。

規程を理解した上での仕組みを変えた一例

　私が請求書発行業務の仕組みを変更した例で紹介しましょう（表1-4）。請求書の発行に際し規程されているのは、「上長の承認を受けなければならない」という部分のみでした。このときの承認方法を、印鑑承認から電子承認に変更しました。

　一見すると経理だけがラクになったように見えますが、経理にいちいち請求書の発行を依頼する必要がないので、担当者もラクになりました。また紙によるやり取りがないので、事業所が経理のいる本社と離れていてもタイムラグなく請求書を発行できます。

　そもそも経理が請求書発行を行っていたのは、売上管理と債権管理の

表1-4：請求書発行業務の一例

	ステップ	変更前	変更後
担当者	1	Excelで売上伝票作成	基幹システムに売上情報を登録する
	2	印刷して承認印をもらう	基幹システム上で承認をもらう
	3	売上伝票を経理に渡す	基幹システムから請求書を発行する
経理	4	売上伝票を基幹システムに登録する	
	5	基幹システムから請求書を発行する	
	6	基幹システムからデータを取り出して会計ソフトに取り込む	基幹システムからデータを取り出して会計ソフトに取り込む

ためです。各現場で請求書の発行が可能になった場合、経理は売上を管理できませんし、入金があってもどの請求分かわかりません。しかし、基幹システムに担当者が申請し、上長が承認すると経理に通知が来るようになったことで、売上情報を漏らすことはありません。

　このように規程を理解しておくことで、効率的な仕組みに変更することも可能なわけです。

Section 07 業務フロー図を作成して業務フローを見える化する

これからの経理は仕組みを構築する役割が求められると書きました。仕組みを「構築する」「変える」場合、現状の業務について理解している必要があります。

また、先ほど「規程」について触れました。「規程」は会社のルールが書かれているものです。しかし、「規程」には全体的な業務の流れや細かい手順までは書かれていません。そこで作成したいのが「**業務フロー**」「**業務記述書**」「**マニュアル**」です。ここでは「業務フロー」と「業務記述書」の作成法について説明し、「マニュアル」の作成法については次節で紹介します。

業務フローの作り方

業務フローとは業務プロセスを可視化したものです（図1-4）。

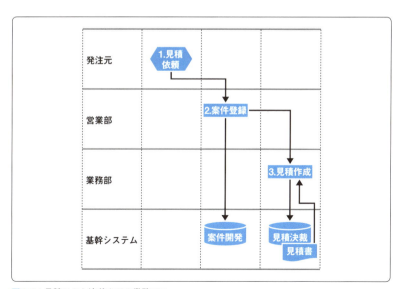

図1-4：見積りから決裁までの業務フロー

こういった図を一度は見たことがあるのではないでしょうか。このような「業務フロー」を作成することで、業務の流れを理解することができます。仕事の多くは自分のみで完結するものではありません。通常は誰かとの関わりの中で成り立つものです。そのつながりを図で表したものが業務フローです。

業務フローを細分化すると、主な構成は「誰（何）から」「誰（何）へ」「作業内容」「情報」の組み合わせであることがわかります。

経理は情報の最終的な到着地である場合が多いです。集まってくる情報がどのような経路を経てたどり着くのかを理解しているのとしていないのとでは、各部門とのコミュニケーションを図る上で違いが出ます。

経理としては売上情報や原価情報はできるだけ早く手に入れたいです。しかし、相手の立場を理解せずに自分だけのスケジュールを押し付けても反発を招くだけです。全体の流れの中で何がボトルネックになって情報がスムーズに集まらないのか、そもそもこの作業は必要なのかなど、業務フロー図を使って可視化することで見えてくるものはたくさんあります。

これから実際に業務フロー図の作成について説明していきますが、経理の立場としては、**「書類」「システム」「データ」の3点を意識したものを作成する**とよいでしょう。

経理業務の大半は、情報を収集して整理し、加工して提供することです。「書類（情報）」がどのように流れて、どのようにして「システム」に「データ（情報）」が蓄積され、どの「システム」から「データ（情報）」を取得することができるのか。情報の原資が何に基づいているものなのかを理解しているかどうかで、資料に対する理解に違いが出ます。

それでは、業務フロー図の作り方について説明していきます。

[**①マップを用意する**]

マップとは作業の主体を横軸もしくは縦軸に置いた配置図を指します。業務フローは「誰（何）から」「誰（何）へ」を表現しますが、その都度、「誰（何）から」「誰（何）へ」という情報を書き込むとゴチャゴチャしたものになってしまいます。

そこで、「誰（何）から」「誰（何）へ」という情報はマップ上であらかじめ設定しておきます。そうすれば、あとは「作業内容」と「情報」を設定するだけです。

マップが用意できれば、パーツを使って「作業内容」と「情報」を書き込んでいくだけです。業務フローの作成がスムーズにできるかどうかはマップにかかっているといえます。

マップは横フローと縦フローとの2パターンありますが、ここでは横フローで説明します。ちなみに私は業務フロー図を作成する場合、A3横の1枚に収まるように作成しています。

表1-5を参照してください。縦が「誰（何）から」「誰（何）へ」を表し、横は「流れ」を表します。

表1-5：マップの一例

外部	顧客				
内部	営業部				
	業務部				
	基幹システム				
	その他システム				
	経理				

基幹システムとその他システムで分けているのは、さまざまなシステムが混在しており、同じ行にすべてのシステムを書き込むと見づらくなってしまうからです。これは、会社のシステムの運用状況により異なるので、このように分ける方法もあるんだなと考えてください。

[②業務記述書を作成する]

業務記述書とは、主に内部統制のために作成する書類で、業務内容や手順の他に、誰がやるのか、誰が承認するのかなどを記述したものです。

業務フロー図で表す内容は、「誰（何）から」「誰（何）へ」「作業内容」

「情報」です。業務記述書で書く内容も基本的にはこれらの情報ですが、さらに「提供」「承認」「備考」も加えるとよいでしょう。

「提供」とは「情報」をどのように相手に提供するのかというものです。「提供」方法について押さえておくべき理由は、業務の非効率性の多くは、「提供」の際に生じている場合が多いからです。

また、「承認」がどの業務で行われているのかを押さえておきます。「承認」は内部統制などで必要な手続きですが、これも非効率が生じる要因です。必要以上の「承認」の見直しやワークフローのシステム導入によって改善を検討する余地があります。

「備考」はその作業に付随して発生する作業がある場合（たとえば捺印する）や、作業の意味などを補足的に説明するために使いましょう。

会社全体の業務フローを把握するために、案件開発から入金までの流れの業務を書き出すと表1-6のようになります。

表1-6：案件開発から入金までの流れの業務を書き出した完成業務記述書

No.	作業ステップ	誰（何）から	誰（何）へ	情報	提供	決裁	備考
1	案件開発	営業部	顧客	口頭 メール 電話			
		営業部	基幹システム	データ	入力		営業活動の把握
2	見積依頼	顧客	営業部	口頭 メール 電話	メール		見込み案件把握
3	見積作成	業務部	基幹システム	データ	入力	○	
				見積書	PDF		決裁完了後出力可能
4	見積回答	営業部	顧客	見積書	メール 郵送		先方の許可があればメール
5	発注	顧客	営業部	契約書 注文書 注文請書	郵送		

No.	作業ステップ	誰(何)から	誰(何)へ	情報	提供	決裁	備考
6	受注登録	営業部	基幹システム	データ	入力	○	受注情報となる
7	書類保管	営業部	経理	契約書 注文書	郵送 手渡し		案件番号を書き込む
8	注文請書受領	営業部	顧客	注文請書	郵送		印紙を貼って返す
9	実施計画登録	業務部	基幹システム	データ	入力	○	未完成・完成情報となる
10	納品／検収願	営業部	顧客	完成図書 納品書 検収願書 検収書	郵送		
11	検収	顧客	営業部	検収願	郵送		
12	請求登録	営業部	基幹システム	データ	入力	○	売上情報となる
12	請求登録	営業部	基幹システム	請求書	PDF		決裁完了後出力可能
13	請求	営業部	顧客	請求書	メール 郵送		先方の許可があればメール
14	売上計上	基幹システム	経理	CSV	エクスポート		
14	売上計上	経理	会計システム	CSV	インポート		
15	代金支払い	顧客	銀行	銀行帳票	振込み		
16	入金消込	銀行Web	経理	CSV	エクスポート		
16	入金消込	経理	基幹システム	CSV	インポート		
17	入金計上	基幹システム	経理	CSV	エクスポート		
17	入金計上	経理	会計システム	CSV	インポート		

③パーツを用意する

業務フローの作成では、Excelに用意されている次の8つの図形を使うようにしましょう。

表1-7：Excelに用意されている図形

意　味	図　形	説　　　明
スタート	⬡	どこから始まるかわかりやすい図形を使う
作業	▭	作業が生じる場合に使う
条件分岐	◇	処理が分かれる場合に使う
書類		書類のやり取りが生じる場合に使う
データ	▱	データのやり取りが生じる場合に使う
システム	⛁	システム内の一部に何か作業がある場合に使う
矢印	→	パーツをつなぐことによってフローとなる
矢印	⤵	パーツをつなぐことによってフローとなる

表1-7にある「システム」はマップにもありますが、違いは何でしょうか？　マップのシステムはシステム全体であるのに対して、フローパーツのシステムはシステム内の一部を意味しています。

④図形の書式設定

図形の書式設定においては、[挿入] タブの [図形] で図形を起動させます。

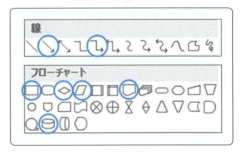

図1-5：Excelで表示される書式設定

図形の中に名称を書き込みますが、そのままの設定だと記述しにくいので、設定の変更方法を紹介しておきましょう。

　図形を選択して右クリックでコンテキストメニューを開き、［サイズとプロパティ］を選択します。次に、テキストボックス内の［テキストに合わせて図形のサイズを調整する］にチェックを入れます。こうすることで、図形内の文字に合わせて幅が自動的に広がります。

　テキストを図形内で折り返したいときには、Alt＋Enterを使います。

　余白サイズは、図1-6のようにすべて「0.05cm」に設定しましょう。

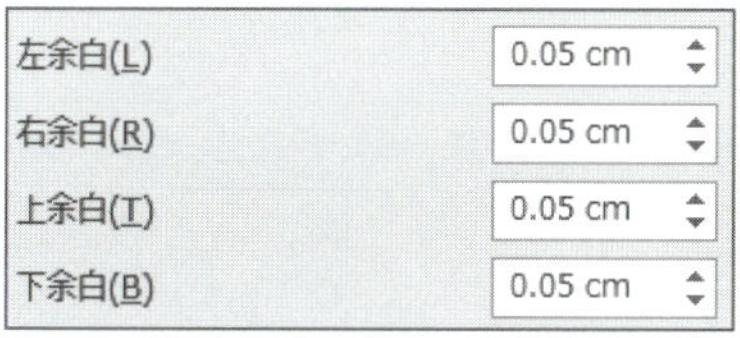

図1-6：余白サイズの設定

　図形がたくさんになってしまった際にまとめて設定を変更する方法も紹介しておきます。

　［ホーム］タブの［検索と選択］→［ジャンプ］→［セル選択］→［オブジェクト］を選択します。シート上にある図形が一括で選択されるので、右クリックからの書式設定でまとめて設定を変更することができます。

⑤業務フローを書く

　先ほど作成した業務記述書をもとに、マップにパーツを使って業務フローを書いていきます。こうしてできた業務フローが図1-7になります。

　最初は完璧を求めずラフなものでよいので、とりあえず描いてみることが大事です。

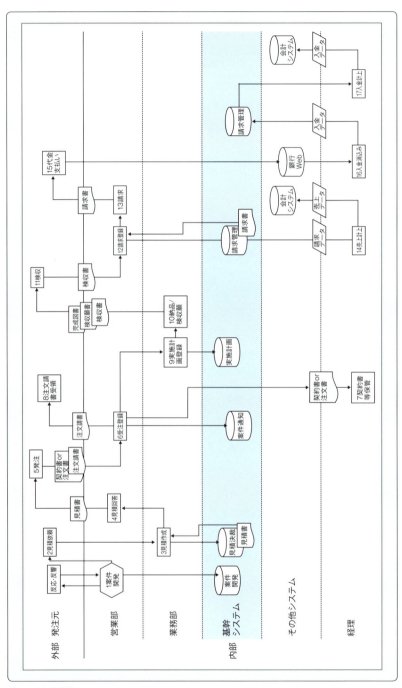

図1-7：完成業務フロー

Section 08 マニュアルを作成して上手に伝達する

人にうまく伝える第一歩は、**その内容を書き出してみること**です。その代表的なものがマニュアルであり、業務フロー図です。

マニュアルを作成する作業は手間ですが、誰かに伝える能力を鍛えるためには非常に重要なことです。経理にこれから求められる能力は仕組みを構築することだと書きましたが、新しい仕組みを作ったら、どのように使うのかを説明するマニュアルは必ず必要になります。

マニュアルの重要性

マニュアルは仕事を教わる側にとって役立つだけでなく、仕事を教える側にとっても役立つものです。

マニュアルを整備すると自分のやっている仕事が整理されます。マニュアルがなければその場その場で思い出しながらやり方を教えていくことになります。順序立てて説明できればよいですが、説明が前後して教わる側が混乱することも起こり得ます。これぐらいわかるだろうという前提で説明を省いてしまうこともあります。

新しい仕組みを説明会などの場で伝えたとしても、一度の説明で理解できるとは限りませんし、ちゃんと聞いていない人もたくさんいます。忙しくて説明会に出席できない人もいます。

だからマニュアルをきちんと用意しておく必要があるわけです。

マニュアルは一度作ったら完成ではなく、わかりにくい内容や不備があれば、その都度、表現や書き方を手直しする必要があります。

Chapter 01 コミュニケーションスキル 〜会社の数字を理解してもらうには〜

フォーマットに沿って作成する

　一例としてマニュアルのフォーマットを用意しました（表1-6）。これに沿って説明をしたいと思います。

表1-8：マニュアルのフォーマット

業務名：○○○○○○○○○

A：管理コード	***-**-***-**	B：発行日		C：改訂日		D：発行者	

E：業務の目的
・何　：   ・なぜ：   ・いつ：   ・誰が：

F：業務手順：（箇条書き）

G：業務手順：（図解入り）

H：改訂履歴		
年月日	改訂内容	改訂者

　それぞれの項目について解説します。

A:管理コード

　管理コードはマニュアルを管理するために振るコードです。コードの採番ルールは管理しやすければ、どのように設定してもかまいません。

　本書の説明では4つの区分で管理をしています。管理コード「904-02-001-02」の場合を例に説明します。

表1-9：管理コードの例

区　分	コードの意味	コードの例	コードの意味
1区分目	部門コード	904	経理部門
2区分目	業務分類コード	02	月次業務
3区分目	業務分類内の管理番号	001	減価償却費計上
4区分目	改訂履歴番号	02	改訂した回数

B:発行日

　最初にマニュアルを開示した日です。

C:改訂日

　直近でマニュアルを改訂した日です。

D:発行者

　最初にマニュアルを作成した者の名前を記入します。

E:業務の目的

　「何」「なぜ」「いつ」「誰が」を盛り込みましょう。この4つを明確にしておくことで、なぜこの業務が必要であるかをきちんと伝えることができます。

F:業務手順：(箇条書き)

　普段やっている処理手順を箇条書きで書き出していきます。このとき、

文章の誤字脱字は気にしないで、とりあえず書いていきましょう。いつもやっていることでも、書いてみると思い出せないこともあります。そのときには、実際に処理をしながら書き出してみましょう。

手順を書き出す上でよくあるのが、「ここまで書く必要はないだろう」と手順を省略してしまうことです。しかし、はじめて処理する者からすると「失敗しないか」「間違っていないか」と不安に思いながら作業するので、できるだけ詳細に書き出すようにしましょう。

一通り書き出したら、書き出した手順に従って自分で一度処理をします。実際にやってみると、足りない部分やわかりにくい部分が出てくるので加筆修正します。

加筆修正する際には、次の点を押さえておきましょう。

- 簡潔にする
- 一文は短く
- 曖昧な表現は避ける

G：業務手順：(図解入り)

ソフトウェアの操作など、箇条書きの文章だけでは伝わりにくい内容もあります。そのため、テンプレートサンプルには、箇条書きの手順記述欄の下に、キャプチャ入りの手順記述欄も用意してあります。

箇条書きの手順が完成したら、再度手順に従って処理をし、キャプチャを取得していきましょう。各種Officeソフトにはスクリーンショットのメニューがあります。

また、Windowsにはキャプチャが取れる「Snipping Tool」というソフトが用意されています。それらを利用すれば簡単にキャプチャを取得することができます。

H：改訂履歴

内容に追加・変更を加えたら記録します。

Chapter 02

情報管理スキル
～会社の数字を上手に活用する～

経理の情報を120%活用するには、
まずは情報管理のスキルが必要になります。
そのためには、本章で紹介する原価計算・勘定科目・補助科目などを
上手に活用しましょう。
そうすれば、必要なときに必要な情報を
迅速に提供できるようになります。

Section 01 情報管理は経理業務の根幹

情報を求められたら即提供できるようにする

　経理にはあらゆる情報が集まります。経理の仕事とは、**集まった情報をもとに必要な資料を作成して関係者に提供すること**です。第1章で、提供する資料には大きく分けて「外部報告用」と「内部報告用」があると説明しました。経理の業務フローを簡単な図で書くと図2-1のようになります。

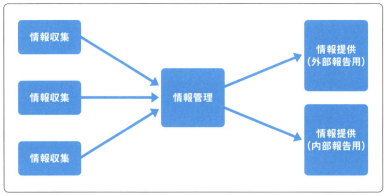

図2-1：経理の業務フロー概念図

　「情報収集」して「情報提供」をする間に位置するのが「**情報管理**」です。経理に集まる情報の種類は多様で、ただ集めればよいものではありません。情報は整理された状態でないと、いざというときに役に立ちません。

　こういう情報が欲しいといわれてから必要となる情報を集めるようでは時間がかかります。**欲しいといわれた情報をいかにすばやく提供できるかが経理の腕の見せ所です。**

　情報を提供するスピードを生み出すのは、「情報管理」です。情報が整理された状態で管理されていれば、求められる情報に対して必要な情報

を取り出して加工して提供すればよいだけです。

「情報管理」はテクニックではなく仕組みです。どのように「情報管理」を行うと、「情報提供」をすばやく行うことができるのか。どのような「情報」を持つことで、どのような「情報提供」が可能なのか。そもそもどのような「情報」を取得できるのか。「情報取得」するための労力は、提供する「情報」の質に見合うものなのか。

さまざまな視点から「情報管理」の仕組みを構築する能力が経理には求められます。

[**依頼された仕事にはすぐに対応する**]

依頼されたときに期限を確認するのは当然ですが、期限までに余裕があっても、他に優先事項がないのであれば即提供するほうが望ましいです。

最初に提出する情報が求めていたものと違う可能性もあります。情報を欲しいといった人も、求めている情報の中身が漠然としている場合も考えられます。こちらが提供した情報によって考えが整理されて、情報の追加や修正を求められる場合もあります。その可能性も含めて、**依頼には即対応したほうがよい**のです。

2つの「情報」

先ほど「情報」を収集して「情報」を提供するのが経理の仕事と書きました。会計用語ではありませんが、「インフォメーション」と「インテリジェンス」という言葉があります。どちらも日本語に訳すと「情報」となりますが、意味は異なります。

簡単に説明すれば、次のようになります。

- インフォメーション…収集した素材情報
- インテリジェンス…素材情報を精査し加工した意思決定のための情報

これらを経理の仕事に当てはめると、「インフォメーション」を集めて「インテリジェンス」を提供するといえます。

　会社において「意思決定」は誰が行うものでしょうか？　経営者だけが意思決定者ではありません。第1章の「規程」のところで紹介した「職務権限規程」は、誰が何に対して意思決定を行うべきかが定められているものと述べました。**それぞれの意思決定者に応じた「インテリジェンス」を提供する必要があるわけです。**

　では、「インテリジェンス」を提供するために、どのような「情報管理」が求められるのかを次節で紹介します。

Section 02 原価計算基準が情報管理のベース

会社の数字は「売価」と「原価」に分けられる

　これから紹介する原価計算基準の考え方は、難しい内容をできるだけ簡素化したものにしているため、この段階では全部理解しようとせずにさらっと流し読みしていただいてかまいません。第5章でExcelのピボットテーブルを使って作成する上で必要な考え方になるので、その際に読み返してください。

　会社の数字は、「**売価**」と「**原価**」の2種類に分けられます。「売価」から「原価」を差し引いたものが「利益（損失）」です。

　「売価」とは「商品やサービスを提供した際に受け取る対価」であり、「原価」とは「提供する商品やサービスのために要した費用」です。

　「売価」は「原価」に「利益」を上乗せして決めます。そのため、まず把握すべきは「原価」なのです。

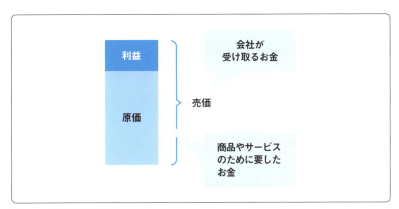

図2-2：売価と原価の関係

「原価」を管理するために指針として国が設定したものが「原価計算基準」です。原価計算は製造業で用いられるものと思われがちですが、すべての業種で利用可能な計算手法です。説明の中で製品と書いていても、サービスを含むと考えてください。

原価計算基準とは何か？

原価計算基準は、昭和37年11月8日に大蔵省の企業会計審議会により発表されたものです。「基準」「大蔵省」と聞くと堅苦しく感じるかと思いますが、前文の「原価計算基準の設定について」を読むと柔軟なものであることが読み取れます。

その一文を紹介しましょう。

> 「この基準は、個々の企業の原価計算手続を画一に規定するものではなく、個々の企業が有効な原価計算手続を規定し実施するための基本的なわくを明らかにしたものである。したがって、企業が、その原価計算手続を規定するに当たっては、この基準が弾力性をもつものであることの理解のもとに、この基準にのっとり、業種、経営規模その他当該企業の個々の条件に応じて、実情に即するように適用されるべきものである」

この基準に従って処理しなさいというものではなく、原価計算の基本的な枠を用意したので、あとは自社に合うものを選択して利用してくださいといったものになっています。

原価計算の目的とは？

「原価計算基準」によれば、原価計算には次の5つの主たる目的があります。

---

1. 財務諸表作成目的
「企業の出資者、債権者、経営者等のために、過去の一定期間における損益ならびに期末における財政状態を財務諸表に表示するために必要な真実の原価を集計すること」

2. 価格計算目的
「価格計算に必要な原価資料を提供すること」

3. 原価管理目的
「経営管理者の各階層に対して、原価管理に必要な原価資料を提供すること」

4. 予算編成・統制目的
「予算の編成ならびに予算統制のために必要な原価資料を提供すること」

5. 経営基本計画作成目的
「経営の基本計画を設定するに当たり、これに必要な原価情報を提供すること」

　経理に求められる情報（インテリジェンス）のすべてが原価計算の目的に網羅されています。

　共通するキーワードは「**原価**」です。ただ、1.と2.〜5.では違う書き方をしています。1.は「集計すること」、2.〜5.は「提供すること」です。1.は制度会計の領域で、2.〜5.は管理会計の領域であると見ることができます。

　これらはすべて、何らかの意思決定に利用するためのものです。

　ただし、それぞれの目的によって意思決定する対象者が異なるので、立場に応じた情報を提供することが経理には求められます。

原価に対して誰が管理・責任を負うのか？

　原価管理を行う上でまず押さえておくべきは、「**誰がその原価に対して管理・責任を負うのか**」ということです。責任の所在が曖昧だと、情報をうまく表現できなくなります。情報は最終的に資料として提供することがほとんどですが、責任が曖昧なものは曖昧な表現しかできません。

　それぞれの部門利益までの集計した資料を作成し、すべての部門において目標となる利益を達成したとしても、会社全体で見たときに数字がよくない場合があったとします。その原因が、責任部門が曖昧な費用だった場合、改善するのは容易ではありません。

　なぜ責任の所在にこだわるかというと、**責任を負う者がいないと、その問題に対して真剣に考える人がいないことになるから**です。逆転の発想で考えるならば、原価管理を行う中で曖昧なものが出てくるようであれば、これを機にどこが責任を負うべきかを明確にするきっかけととらえることもできます。

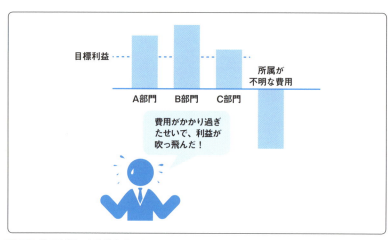

図2-3：数字が悪いのは誰のせい？

原因を解明するための情報を提供できるか

　原価計算基準には原価を「管理可能費」と「管理不能費」に区分するという考え方があります。原価を「給料」や「旅費交通費」といった勘定科目で区分するのではなく、どの「部門」で使われた原価なのか、どの「製品」や「案件」で使用された原価なのかという情報に基づいて区分します。階層で見ると「部門」の下に「製品」や「案件」がぶら下がっている形になり、部門全体の管理責任を負うのは部長になります。

　では、「製品」や「案件」の原価に対して管理責任を負うのは誰でしょうか？　「製品」や「案件」の担当者が管理責任を持つ体制の場合もあるでしょうし、工程ごとで責任者を持たせる場合もあるでしょう。

　いずれにしても**誰がどこまで管理責任を負うのかを明確にしておくこ**とが大切です。

　問題が生じた場合、問題を解決するために原因が何なのかを探究する必要があります。原因を探るための分析方法には、情報を「比較する」「掘り下げる」「別の角度から見る」などがあります。原価計算で「部門」や「製品」などで分類するのは、分析を行うためであり管理責任者に対してわかりやすい情報を提供するためです。

原価は形態別に3つに分類できる

　原価は財務会計の費用発生を基礎として、形態別に「**材料費**」「**労務費**」「**経費**」の3つに分類します。

　「材料費」は材料や原料を仕入れて加工し販売している企業で使います。おにぎり屋さんであれば、お米の仕入代は材料費になりますし、パン屋さんであれば小麦粉が材料費になります。

　「労務費」はものを作る人に対して支払う給料です。正社員だけでなく契約社員やパートタイマーに対して支払う賃金も労務費にあたります。

　「経費」は「材料費」「労務費」以外のものすべてが該当します。水道光熱費、旅費交通費、減価償却費、支払手数料などさまざまなものがあります。

つまり、勘定科目を識別情報にして3つに分類するものです。

原価計算の手順

原価計算基準では、発生した原価を①費用別計算、②部門別計算、③製品別計算の3つの手順で集計します。

［ ①費用別計算の3つの分類 ］

費用別計算は、次の3つに分類されます。

●「直接費」と「間接費」による分類

「直接費」とは製品と原価の対応が明確な原価、「間接費」とは複数の製品にまたがるような明確に分けることができない原価のことです。製品製造業の場合では、製品の組立てなど直接作業する者の労務費は「直接費」にあたり、製品の生産管理などを行う者の労務費は「間接費」にあたります。

●「変動費」と「固定費」による分類

「変動費」とは売上に対応して増減する原価、「固定費」とは売上の増減にかかわらず発生する原価のことです。小売業の場合、販売する商品の仕入原価は「変動費」にあたり、商品を販売するための店舗賃貸費用は「固定費」にあたります。

●「管理可能費」と「管理不能費」による分類

原価の発生が一定の管理者層によって管理できるかどうかの分類です。「部」の下に「課」が組織されている場合、「部」全体にかかる費用について「課」長は管理不能費ですが、「部」長にとっては管理可能費となります。「可能」「不能」という考え方よりは、「原価に対して管理・責任を負うのは誰か」という視点で考えたほうが分類しやすいです。

[②部門別計算]

　費目別計算で分類した原価を原価部門別に分類します。原価部門とは、原価の発生を機能別、責任区分別に管理するとともに、原価の計算を正確にするために、原価要素を分類集計する計算組織上の区分をいいます。

　工場では、部門は製造部門と補助部門に分けられます。製造部門は製品を製造する工程の部門を主に指し、補助部門は事務部門などの管理部門などを指します。製造部門にかかる原価は製品との対応関係がはっきりしているので、「直接費」となります。補助部門で発生する原価は「間接費」にあたります。

　「間接費」はA製品を製造するのにいくらかかったかがわからない原価ですが、製品を製造するにあたり必要な原価です。そこで、それぞれの製品に間接費を割り振ります。これは「配賦」といい、それぞれの製品にいくらずつ「配賦」するかは「配賦基準」によって行われます。

　それ以外にも一製造部門に直接的に発生するものであるかどうかで、原価を「部門個別費」と「部門共通費」に分類します。「部門個別費」は発生した製造部門の原価とし、「部門共通費」は適当な「配賦基準」を用いて各部門へ配賦します。

[③製品別計算]

　原価を製品ごとに分類します。部門別に集計した原価を個数、時間数、度量衡単位などに応じて割り当てて製品の製造原価を算出します。

　製品別計算は、生産形態によって大きく「個別原価計算」と「総合原価計算」の2つに分けられます。「個別原価計算」は1つの製品ごとに原価を集計する方法で、種類の異なる製品を個別生産する生産形態に適用されます。「総合原価計算」は同じ製品を大量生産する生産形態に適用されます。それぞれの計算でさらにいくつかの計算方法がありますが、本書では省略します。

Section 03 会計システムに登録する情報を工夫しよう

細かい仕訳をすればデータ活用の幅が広がる

　会計システムには可能な限り細かい仕訳で登録すべきです。なぜなら、**データはまとめるのは簡単ですが、合算されているデータを分割するのは大変**だからです。

　多くの経理担当者は、会計システムの機能をどこまで使いこなせているでしょうか？　基本的に入力する仕訳が細かい情報であればあるほど、作成できる資料や活用できる機能は増えます。会計システム内で利用するだけでなく、会計システムから仕訳データを出力して活用する場合でも、仕訳が細かくなっていると活用の幅が広がります。

　では、どのような視点で仕訳を登録するべきなのかを考えてみましょう。

考え方の基準は原価計算基準

　仕訳の登録においては、前節で説明した「原価計算基準」が考え方のベースになります。原価の分類方法を軽くおさらいをしておきましょう。

- 「材料費」と「労務費」と「経費」に分類
- 「直接費」と「間接費」に分類
- 「変動費」と「固定費」に分類
- 「管理可能費」と「管理不能費」に分類
- 「費用負担部門」で分類
- 「製品やサービス」で分類

こうして見ると、持たせる情報が多いと感じると思います。そもそも仕訳を登録する際に、この情報すべてを仕訳ごとに入力できる会計システムはそうそうないと思います。

では、どうやって仕訳に情報を持たせるかというと、**仕訳が持つ情報に紐付けて持たせればよい**のです。原価の形態別分類は、勘定科目を識別情報にして3つに分類するものです。勘定科目が「給料」であれば「労務費」、「旅費交通費」であれば「経費」といった具合です。

つまり勘定科目マスターに、勘定科目ごとに「材料費」「労務費」「経費」という情報を持たせることによって分類しているわけです。同じように「変動費」と「固定費」の情報を持たせれば分類が可能になるわけです。

ちなみに勘定科目ごとで「変動費」「固定費」と分類する方法を「固変分解」といいます。

それ以外の分類についても、「プロジェクトマスター」や「商品マスター」があれば、「直接費・間接費」の分類、「管理可能費・不能費」の分類、「費用負担部門」、「製品やサービス」などの情報を持たせることも可能です。

たとえば、「プロジェクトマスター」に表2-1のような情報を持たせたとします。

表2-1：プロジェクトマスター

親プロジェクトコード	プロジェクトコード	プロジェクト名	直接/間接/共通	部門
AAA1-00	AAA1-00	駅前開発プロジェクト	間接費	A部門
AAA1-00	AAA1-01	駅前開発プロジェクト	直接費	A部門
AAA1-00	AAA1-02	駅前開発プロジェクト	直接費	A部門
AAAA	AAAA	A部門共通費	共通費	A部門
BBB1-00	BBB1-00	クラウド開発プロジェクト	間接費	B部門
BBB1-00	BBB1-01	クラウド開発プロジェクト	直接費	B部門
BBB1-00	BBB1-02	クラウド開発プロジェクト	直接費	B部門

次ページへ続く

親プロジェクトコード	プロジェクトコード	プロジェクト名	直接/間接/共通	部門
BBBB	BBBB	B部門共通費	共通費	B部門
ZZZZ	ZZZZ	販管費	共通費	本社

　「管理可能費・不能費」は部門情報で判断するとともに、共通費ならば部門長が管理し、直接費ならば担当者が管理すると分類することができます。マスター情報の使い方によって仕訳にたくさんの情報を持たせることができるわけです。仕訳情報の何を識別情報にすることができるのかは、利用している会計システムによって異なります。

Section 04 補助科目の活用で情報は整理される

勘定科目と補助科目の役割

　ここでは補助科目の活用方法について紹介しますが、まずは勘定科目の役割について少し触れておきます。勘定科目とは、仕訳を行う際にどのような取引が行われたかがわかるように付ける名称で、「資産」「負債」「資本」「費用」「収益」のいずれかのグループに属しており、貸借対照表や損益計算書に表示されます。

　勘定科目は、「この勘定科目を使わなければならない！」といった決まりがあるわけではありません。しかし、貸借対照表や損益計算書に表示される名称になるので、利害関係者が見てわかるものでなくてはならず、一般的な勘定科目を利用するのが望ましいです。

　また、勘定科目を細かく設定すると、表示される勘定科目名が多くなり見づらくなります。このときに使用するのが**補助科目**です。補助科目はその名のとおり勘定科目を補助するための科目で、貸借対照表や損益計算書で表示されることはありません。だからというわけではありませんが、どのように利用しても問題はありません。たとえば、勘定科目「通信料」の補助科目として「切手代」「固定電話代」「携帯電話代」「ネット回線代」などが考えられます。

　以降でどのような補助科目の活用方法があるのかを紹介します。自分の会社に合った活用法のヒントにしてください。

効果的な補助科目の使い方とは？

　補助科目のよさは「**自由度**」です。ただ、自由過ぎるためどのように活用すると効果的なのか迷ってしまう不便さもあります。私の場合も明確な

ルールがあるわけではなく、次のような考え方を軸にして、どのような補助科目にするかを決めています。

［ 誰もがわかる名称で設定する ］

　私の会社では経費精算システムを利用しています。各自が利用した費用を経費申請システムに登録して申請しますが、費用を「勘定科目」から選ばせるのは簿記の知識がないと判断が難しい場合があります。

　たとえば「切手」を使った場合、勘定科目は何を選べばよいでしょうか。経理担当者であればすぐに「通信費」とわかりますが、簿記の知識がない人にとっては迷います。

　「旅費交通費」の場合はどうでしょう。交通手段には「電車」「バス」「飛行機」「タクシー」などがあります。「電車」であれば「旅費交通費」と思い付くのですが、「タクシー」となると何を選択すればよいか思い付かない人も少なくありません。

　そこで経費精算をする際、「勘定科目」を選択させるのではなく、「電車」「バス」「タクシー」といった**「名称」から選ばせる**ことで、申請者に迷うことなく申請をさせることができます。会計システムには、勘定科目は「旅費交通費」、補助科目は「名称」である「電車」と仕訳されます。

　補助科目で集計することで、どの交通手段に月間や年間でいくらかかっているのかを確認することもできます。

［ 税金計算のために設定する ］

　同じもので発生した費用であっても、利用用途によって勘定科目が異なるものがあります。特に「交際費」は税金計算上の費用（以下、損金）として認められるかどうかに関わってくるので、注意が必要となります（表2-2）。

　特に「1人5,000円を超える飲食代」は交際費でありながら一部損金に認められるので、補助科目で分けておくことで税金計算時にラクに処理することができます。

表2-2：代表的な交際費と損金の判定

利用事由	勘定科目	損金の判定
1人5,000円以下の飲食代	雑費or会議費	損金
1人5,000円を超える飲食代	交際費	企業規模により一部損金
会社関係者のみでの飲食代	交際費	損金と認められない
社内イベントによる飲食代	福利厚生費	損金
タクシーチケットの社内利用	旅費交通費	損金
タクシーチケットの取引先への譲渡	交際費	損金と認められない

[管理しやすいように補助科目を設定する]

効果的な補助科目を使った管理のやり方を説明するために、勘定科目の中の「賞与」を例にします。「賞与」は法的に必ず支出しなければならないものではありませんが、多くの会社で支給しています。会社により支給条件や支給日などに差があるので、次の諸条件で説明します。

- 会計期間：4月～3月
- 支給額：原則は年に2回、2カ月分支給
- 算定期間と支給条件：4月～9月の上期の業績により12月に支給、
  10月～3月の下期の業績により翌年度6月に支給

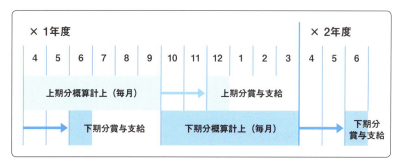

図2-4：一般的な賞与のスケジュール

月次損益を行っている会社では、賞与支給予定額の月額概算金額を計算して毎月引当計上します。概算計上額は支給金額の6分の1で行いますが、実際支給額は業績により変動するので、実際支払額と概算計上額に差異が発生する可能性があります。

　また、支給日が来る前に次の支給のための費用計上を行いますが、概算計上する費用に上期支払予定分と下期支払予定分が混じることになります。そのため、補助科目で「上期支払分」「下期支払分」に分けて、実際の支給時に引き当てたほうを取り崩す処理を行うと差異を把握することができます。

［ 管理可能費用か管理不能費用かで分類する ］

　補助科目を予算作成、予算実績比較のために設定します。

　予算実績比較は予算と実際の売上や費用が適切かどうかを確認するものです。予算作成で悩むのは、予算値の設定をどこまで細かく行うかということです。予算とひとことでいっても、さまざまな費用があり、予算の見通しが立てやすい費用と、予算の見通しが立てにくい費用があります。

　「租税公課」を例に考えてみましょう。

　収入印紙を利用した場合、自動車税を支払った場合、固定資産税を支払った場合、どれも「租税公課」を使います。収入印紙は紙による契約締結時に書面に貼るために発生する費用です。工事事業を行っている企業であれば、工事ごとに注文請書に印紙を貼るので、売上が増えるほど費用は増えます。

　それに対して、自動車税や固定資産税は、ある時点で所有する自動車や固定資産に対して発生する費用で、いくら発生するか見通しが立つ費用です。同じ租税公課でも、予算管理のために補助科目で分けておくことで、差異の原因を把握しやすくなります。

［ 補助科目に取引先を設定する ］

　売掛金や買掛金、未払金などの債権債務を管理するにあたり、どの取引先に対していくら残高があるのかを把握しておく必要があります。

補助科目を取引先に設定することで、取引先に対して残高がいくらあるのかを確認することができます。また、売上や外注費なども補助科目を取引先として設定すれば、重要な得意先や多く発注している協力会社を確認することができます。

[**補助科目を変更する際の注意点**]

　経営分析においては、過去との比較がとても重要になります。補助科目を変えたことによって分析がやりにくくなってしまうのは避けたいです。補助科目を変えることで、どのような影響があるかを見極めるようにしましょう。

Section 05 「雑費」は極力使わないという考え方

勘定科目から具体的なイメージができるか？

　勘定科目とは、取引が発生した際に生じる資産・負債・純資産の増減や、収益・費用の発生を記録するための会計上の名称を指します。

　「このような勘定科目を使わなければならない」といった法律などでの決まり事はありません。しかし、経理担当者ならば、事務所の賃借料であれば「地代家賃」、電話代や切手代などは「通信料」といった具合に、どの勘定科目を使うかを簿記の知識や経験上から知っています。

　知識がある人が見れば「地代家賃」はどんな費用なのか、「通信料」には何が処理されているのかを名称からイメージすることができます。

「雑費」という名のブラックボックス

　では「雑費」で仕訳を行った場合、どのような費用がそこにあるのかをイメージできる人はいるでしょうか。

　経理担当者であれば自社の雑費はわかりますが、他の会社の雑費を見ても内訳はわかりません。経理以外の社員が見た場合、自社の雑費であっても、どんな費用が発生しているかわかりません。

　「雑費」とは、「事業上の費用で他の経費に当てはまらない経費」を仕訳するために利用する勘定科目です。「雑」を『デジタル大辞泉』で調べてみると、「いろいろなものが入りまじっていること。区別しにくい事柄を集めたもの」と説明されています。まさに言葉通りの勘定科目です。

　どの勘定科目にすればよいかわからないから、とりあえず「雑費」にしておくというのは、部屋の掃除をしていて、どこに置けばよいかわからないからとりあえず押し入れに投げ入れておくのと同じです。押し入れに整

理せずに入れてしまっては、いざ使おうと思ったときに探すのが大変です。雑費で処理することは、これに近いことです。

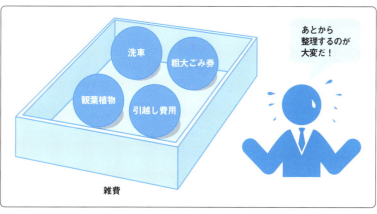

図2-5：何でも雑費にすると……

雑費で処理しているケースの多い費用として、次のものが挙げられます。

- 振込手数料
- 各種発行手数料
- 消耗品費
- 清掃代
- 引越し費用

これらの費用を「雑費」で仕訳している場合、何が原因で発生した費用なのかわからなくなってしまいます。

発生頻度の高い費用は、新たな勘定科目として追加しましょう。そして、わかりやすく、目立つようにしておきましょう。

新しい勘定科目を作成するメリットとは？

　私の場合、「振込手数料」の勘定科目を作成しました。金融機関との取引の際に生じる振込手数料です。毎月経常的に発生し、金額も小さくありません。

　勘定科目になると、その存在が目立ちます。精算表を眺めている際、この費用をどうにか削減できる方法がないかと考えるようになります。見えることによって、何かよい方法がないかと考えるようになり、具体的な行動につながります。実際、ネットで検索してみると、次のような振込手数料を節約するいろいろな方法があることがわかります。

- 振込先負担
- 銀行へ交渉
- 振込代行サービスの利用

　また、補助科目で振込手数料と振込まれ手数料を設定しています。振込まれ手数料とは、振り込まれる際に入金から引かれているお金を意味しています。振込まれ手数料が発生していた場合、契約上そうなっているのか、勝手に先方がこちらの負担にしているのか確認する必要があります。どの会社から振り込まれる際に引かれているのかを見えるようにしておきましょう。

Section 06 人件費管理のための勘定科目と補助科目の活用法

人件費から見える組織の問題点

前にも述べたように会社費用の多くを人件費が占めます。**人件費が管理できていないと、会社の数字に大きな影響を与えるだけでなく、組織がうまく機能しない状態に陥る可能性があります。**

組織がうまく機能しない状態とは、売上が増えているのに利益が伸びていないケースや、業務負担が特定の人に偏ってしまっているケースが考えられます。これらは労務管理なので、経理の範疇ではないと考えることもできますが、会計情報として持つことができれば、経営判断に役立つ情報になります。

仮説を立てるために勤怠情報を持つ

たとえば、基本給と時間外(残業)手当は発生する根拠が異なります。同じ給与で処理をした場合、時間外手当がどれだけ発生しているのかを把握することができません。

しかし、会計情報として勤怠情報を持つことで、売上との関係性で分析することができます。たとえば、時間外手当が増えた場合に、次のような仮説を立てることができます。

「売上が増えている」
→「忙しかったから時間外手当が増えたんだな」
「基本給が減っている」
→「人が減ったから補うために時間外手当が多く発生したんだな」

Chapter 02 情報管理スキル 〜会社の数字を上手に活用する〜

予算のために人件費を細分化する

　予算組みでは費用をいくつかの項目に分けて試算します。人件費はそのうちの1つで、人員計画に基づいて予算組みをします。

　予算組みが難しいのは時間外手当です。基本給と違い、時間外手当は変動する費用だからです。予算組みの方法として、「1人あたり、何時間以内に残業を抑えるか？」という観点で計画を立てる方法と、「過去の実績から想定してどれくらい時間外手当が発生するのか？」を見積もる方法があります。

　どちらの方法で予算組みをするにしても、**予算に対しての進捗管理をするために分けておくことが重要**です。

給与を細分化して管理する考え方

　給与の中には、次のようにいろいろな要素が含まれています。

- 基本給
- 時間外手当
- 通勤手当
- 役職手当
- 住居手当
- 資格手当
- 資格取得手当
- 扶養手当
- 年末年始手当

　いくつか書き出してみましたが、これらすべての勘定科目を設けると細かくなり過ぎるので、勘定科目と補助科目を使い分けて管理してみましょう。

　大枠でとらえると「**基本給**」「**時間外手当**」「**通勤手当**」「**その他手当**」に

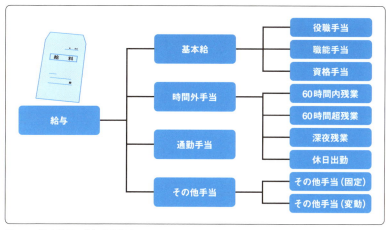

図2-6：勘定科目の給与を分解すると？

分類できます。

「基本給」は固定支出となる部分です。会社によっては役職手当や職能手当、資格手当なども基本給として扱われる会社もあると思います。それらの手当については補助科目で設定します。

「時間外手当」は変動する部分です。時間外にも「60時間内残業」「60時間超残業」「深夜残業」「休日出勤」と種類があるので、補助科目を設定します。

「通勤手当」は非課税と課税がありますが、あえて分ける必要もないので、補助科目を設定する必要はないでしょう。

「その他手当」は上記以外の手当で、大きく「住宅手当」など一定の条件を満たしている場合に毎月必ず支給される固定的な手当と、「資格取得手当」のように資格取得時に一時的に支給される変動的な手当との2つに分けられます。勘定科目は、「その他手当（固定）」と「その他手当（変動）」を設けて、補助科目で細かに設定します。

「その他手当」は福利厚生的な意味合いを持つものも多く、社員のモチベーションを上げるために行っている場合も多いです。施策がうまく機能しているかを見極めるために、どの手当がどれくらい支給されているのかを確認できるようにしておくとよいでしょう。

Chapter 03

情報収集スキル
～必要なものを手に入れる～

「情報提供」するためには、情報を収集しなければなりません。
また、提供する情報の質は収集する情報の質に左右されます。
細かな情報が収集できれば、詳細な集計を行うことが可能です。
しかし、どのように情報を収集するかで、
業務効率に大きな違いが出ます。
本章では、効率的な情報収集を行うためにどのような仕組みを
考える必要があるのか、どのようなサービスがあるのかを紹介します。
また、CSVなどのデータをどのようにして
活用するかについても紹介しています。

Section 01 情報収集の効率化こそ経理業務の効率化

情報を集めるのは最も大変な仕事

　経理業務で最も重要で大変な仕事は、「**情報を集めること**」です。

　売上の仕訳を起こすには売上の情報が必要ですし、経費の仕訳を起こすのにも請求書や領収書などの情報が必要です。また、資金繰りをする場合には、売上の入金日がいつなのか、経費の支払いはいつなのか、仕訳ではわからない情報も経理にとっては重要な情報です。それらの情報は、営業部や総務部など、さまざまな部署から集める必要があります。

［できれば避けたい手作業入力］

　では、各所から情報を集める際に、どのような形で情報を受け取っているのでしょうか？

　紙で情報を受け取った場合、手作業でソフトウェアやデータベースなどに登録する必要があります。Excelで受け取った場合でも、1列目は取引日付、2列目は取引先名、3列目は売上金額……というように規則通りに情報が入力されていればよいですが、各自バラバラのテンプレートを利用している場合、共通のフォーマットにするために、紙で受け取ったのと同じように手入力作業が生じます。

　しかし、**手作業は入力漏れやミスが起きる可能性があるため、最も効率化の妨げとなる作業**です。入力漏れやミスを防ぐため、入力したものを多重チェックするなどの対策をしなければなりません。

　作業の効率化を図るには、証憑（しょうひょう）としての情報を紙で受け取るものでも、CSV（102ページ参照）などのデータでも取得できる運用にして、**取り込みによる手入力作業を必要としない登録方法を行うべき**なのです。

必要な情報がデータになっているとは限らない

　情報が紙書類の状態である場合、証拠という面では重要ですが活用方法は限られます。情報はデータになってこそ、Excelで集計するなどさまざまな活用が可能になるのです。

　経費精算で使う領収書を例に説明しましょう。領収書はお金の支出を証明するための証憑で、費用として認められるためには、次のような記載事項がきちんと書かれていないといけません。

[領収書に必要な記載事項]
- 領収日付
- 領収金額
- 領収書発行者情報（社名、氏名、住所など）
- 但し書き
- 支払者情報（社名や氏名）

　基本的に、この5つが記載されていれば、費用として認められる領収書になります。

　しかし、管理会計の視点から見るとこれだけでは十分ではありません。費用負担部門情報や、どのプロジェクトにお金を使ったのかなどの情報が欲しいところです。

　経理として情報を活用するなら**詳細なデータを収集できるか**がカギとなります。データをまとめることは簡単ですが、まとまった情報を分解するのは大変です。たとえば、どの部門で利用したかという情報がない場合、部門別集計を行うことができませんし、プロジェクト情報がないとプロジェクト別集計を行うことができません。

　しかし、領収書にどの部門で利用したのか、どのプロジェクトで利用したのかを書いてもらうのは大変です。そのため、**経費精算システムなどを利用した情報を収集する仕組み**が必要となるのです。

　損益計算書や貸借対照表を作成するだけなら、これらの情報は必要で

はありませんが、意思決定者に対して必要な情報を提供するためには、どのような情報が必要なのか、今ある情報で十分なのを再度考えてみる必要があります。

仕組みを構築して情報をデータで取得する

　経理には、「仕組みを構築する能力が求められる」と書きました。提供する情報の質を高めるためであり、情報を効率的に集めるためです。分析は、データをさまざまな視点から集計することによって行われるものです。さまざま視点から分析をするには、**収集するデータに集計のための情報が必要**です。

　売上で考えてみると、所有している情報が得意先だけならば、得意先ごとの売上順位表は作成できますが、どの部門で売れたのか、どのようなものがたくさん売れたのかなどの集計をすることはできません。売上の仕訳に費用負担部門情報や商品情報などを持たせることによってはじめて集計が可能になるのです。

[**仕組み構築時の注意点**]

　仕組みを構築する際に考えるのが、**一次情報をいかにそのまま使うか**ということです。一次情報とは、最初に入力したときのデータのことです。

　紙書類でやり取りする場合、紙書類で受け取った情報を会計システムへ入力する必要があります。受け取ったものを手入力すると間違いが起きる可能性があります。そのため、入力後に入力のミスや漏れがないかをチェックする必要があります。けれども、一次情報をそのまま会計システムに取り込むことができれば、入力間違いが発生することはありません。

　経費精算の処理フローを「紙」と「電子」で比較（領収書が発生しない交通費の場合）してみましょう（図3-1）。上が紙での精算、下が電子（経費精算システム）での精算です。

図3-1:経費精算のフロー作成例

　これを見ればわかるように、電子による精算は処理の工数が少なくなります。電子上のやり取りなので紙が紛失することもありませんし、物理的な制約がないので、承認行為が早ければすぐに処理ができます。

　領収書などが生じる精算についても、入力をシステム上で行って申請し、領収書は別途受領する運用であれば、経費精算システムからデータを取得して会計システムへインポートする処理が可能です。

Excelは情報収集には向かない

　本書は経理業務でのExcelの活用法を解説する書籍ですが、Excelは情報収集には向かないと述べておきます。

　Excelが情報収集に向かない理由は、次の4つです。

- データベースにするのに手間がかかる
- 最新のテンプレートが利用されるとは限らない
- 入力漏れを防ぐことができない
- 決裁行為がない

それぞれについて詳しく見ていきましょう。

［ データベースにするのに手間がかかる ］

　売上伝票をExcelで作成する場合、1つの売上に対して1つのExcel

ワークシートが作成されることになると思います。もし毎月100件の売上があり100個のExcelワークシートが送られてきたら、それを1回1回開いて必要な情報をデータベースや会計システムに登録するのはとても手間がかかります。

[**最新のテンプレートが利用されるとは限らない**]

　最新のテンプレートがあるにもかかわらず、以前作成したExcelワークシートをコピーして新しい書類を作成した場合、必要な情報が入力されないまま作成されてしまう可能があります。

[**入力漏れを防ぐことができない**]

　必要項目が入力されていないものが作成されても、Excelで制御してくれず誰かのチェックがないとそのミスに気付きません。

[**決裁機能がない**]

　経理に集まる情報の多くは誰かしらの決裁を経て回ってきます。請求書の発行や売上の計上などは、担当者が経理に依頼すればできるものではなく、経理は必要な承認者の決裁がないと処理することができません。
　Excelで作成した書類を印刷するのは、捺印での決裁を受けるためです。つまりExcelで書類を作成したとしても、紙での処理が必要となるため情報収集に不向きなのです。

複雑なExcelにしてしまうと……

　編集制限やVBAなどを使って細かく設定することも可能ですが、ある程度Excelの知識が必要となりますし、ずっと使い続けるためにはメンテナンスが必要となります。
　実際にVBAを利用してExcelで書類作成に利用している会社はあります。しかし、そのVBAはExcelに詳しい社員が作成したものであるケースが多いです。作成した本人がいてサポートしている間はよいですが、退

社などで作成者がいなくなった場合に、不具合に対応できなくなったりします。

　もちろん、仕様書が作成されていたり、他の社員に対して引き継ぎが行われていたりすれば問題はないのですが、そうなっていないケースが多々あります。また、OSやExcelがアップデートされた際に、それまで動いていたものが突然動かなくなるといったことも起こり得ます。

　マクロやVBAは個人の業務効率向上に利用するのはよいですが、会社全体で利用するものとして使用するにはおすすめできません。

すべての情報収集がExcelに向かないわけではない

　いくつかの理由でExcelは情報収集に向かないと説明しました。しかし、すべての情報収集について、Excelが向かないというわけではありません。

　私もExcelを利用して情報収集を行う業務もあります。Section04で取り上げる「予算作成」がそれにあたります。これについては、収集するExcelワークシートの量が10件ぐらいと少なく、かつワークシートの中から取り出してデータにする箇所も少ないため手間がかかりません。

　テンプレートも依頼するときのみ経理から配布して利用するため、最新のテンプレートが利用されているかどうかを心配する必要がありません。

　必須項目はなく、入力されていないものはないものとして利用します。また、**最初に提出されたもので確定になることは少なく、その後に行う折衝時に再度確認を行うため、入力漏れによる確認を提出時に把握しなくても問題が生じません。**

　決裁行為についても、最初に提出してもらうものは試算案で、最終的な決裁は予算折衝を経たあとに行われるため、収集の段階では必要としていません。

　以上のような理由から、予算作成の際は、私はExcelを利用して情報収集をしています。

Section 02 SmartArtを使って個別の業務フローを作成する

活用したいのは「縦方向プロセス」

　第1章で、会社全体の業務フローを作成することについて説明しました。今回は、その中の一部の業務を取り出して、詳細な業務フローの作成方法を解説します。

　ここでは「SmartArt」を利用します。「SmartArt」には、グラフィカルなリストや手順図から、ベン図や組織図などの複雑なグラフィックまで、さまざまなSmartArtグラフィックが用意されています。何かを表現したいときに自分のイメージに合うものを見付けて使うのがよいでしょう。

　私がよく使うのが「縦方向プロセス」(図3-2)のSmartArtです。「縦方向プロセス」はタスク、プロセスやワークフローの進行または一連のステップを示したり、動きや方向を表したりするのに適しています。SmartArtは、図3-3のようにして作成します。

図3-2：SmartArtの縦方向プロセス

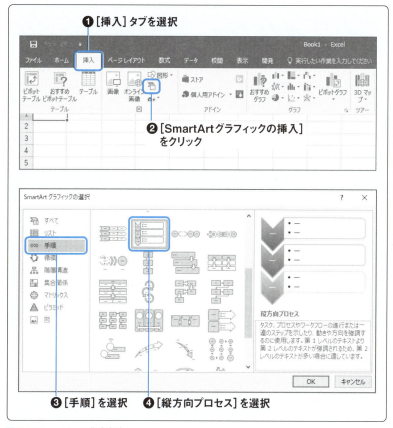

図3-3:SmartArtの作成方法

　紙書類で処理していた頃の経費精算フローを書き出すと、図3-4のようになります。

　このように、まずは作業手順を書き出してみましょう。書き出すことで改善すべき点や問題点が見えてきます。「SmartArt」のよいところは、**どこに入力するのかがわかりやすい**点です。ステップが足りない場合は、矢印図をコピーして貼り付ければ簡単に増やすことができます。

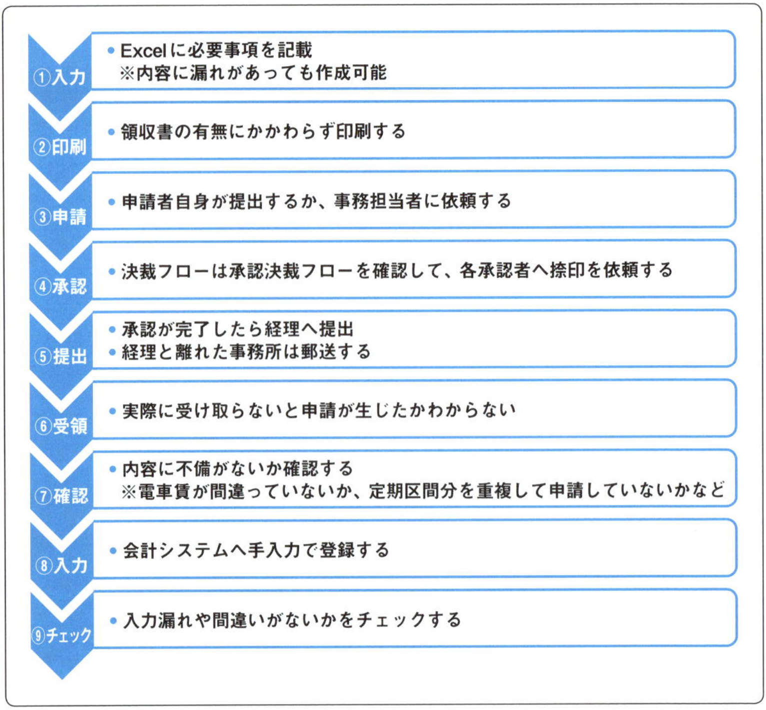

①入力	・Excelに必要事項を記載 ※内容に漏れがあっても作成可能
②印刷	・領収書の有無にかかわらず印刷する
③申請	・申請者自身が提出するか、事務担当者に依頼する
④承認	・決裁フローは承認決裁フローを確認して、各承認者へ捺印を依頼する
⑤提出	・承認が完了したら経理へ提出 ・経理と離れた事務所は郵送する
⑥受領	・実際に受け取らないと申請が生じたかわからない
⑦確認	・内容に不備がないか確認する ※電車賃が間違っていないか、定期区間分を重複して申請していないかなど
⑧入力	・会計システムへ手入力で登録する
⑨チェック	・入力漏れや間違いがないかをチェックする

図3-4：縦方向プロセスで作成した経費精算フロー

Section 03

情報をデータで取得できる さまざまなクラウドサービス

CSVの作成で一次データを会計システムに取り込む

　仕訳を手入力しないことが、ミスなく効率的に仕事をするために必要です。手入力による仕訳によい点はありません。強いて挙げれば手入力時に伝票の間違いに気付くことくらいでしょう。前節で一次データをそのまま会計システムに取り込むことができれば、量が多くてもすばやく仕訳を起こすことができ、入力ミスが起きることもないと書きました。

　一次データは社内各部門からの申請情報だけではなく、社外からも取得することができます。私の会社では、これらのデータを利用して会計システムに取り込むためのCSVを作成することで、会計システムへの仕訳登録の95％以上はCSV取り込みで行うことができています。

　ここで、いくつか一次データを取得できるクラウド系サービスを紹介します。

一次データを取得できるクラウド系サービス

[①通信料データ収集の一括請求サービス]

　通信料金の一括請求サービス「GI通信」（提供会社：株式会社インボイス）というものがあります。異なるキャリアの請求を1つにまとめて、ExcelやCSV、PDFでの内訳明細データの取得が可能です。NTT、KDDI、ソフトバンク、docomo、au、ソフトバンク、イーモバイルなど多くのキャリアをまとめることができます。キャリアごとでバラバラに届く請求書をまとめることができますし、支払いを一括にすることができます。

　コスト管理を行う上で、どの部署で、誰がどれくらい利用しているかを把握するために、電話番号ごとの利用料金をデータで取得できれば比較

集計表なども簡単に作成できます。請求書を紙で受け取っている場合、データ化するのは大変です。GI通信を利用すれば、CSVで利用明細のデータをダウンロードできるので、自分でデータにする必要がありません。100以上の回線数があっても、仕訳データで取り込んで入力するのに1分もかかりませんし入力ミスも生じません。

図3-5：G1通信
URL https://www.invoice.ne.jp/gi/

[②車両利用データの収集]

　カーシェアリングの「タイムズ カープラス」（提供会社：タイムズ24株式会社）というサービスがあります。タイムズ24のビジネスカードを利用すれば、駐車場、カーシェアリング、レンタカーそれぞれの利用に関する、「誰が」「いつ」「どこで」「いくら」という情報をWebの管理画面で見ることができます。管理画面からは車両利用情報をCSVでダウンロードして、仕訳データを作成することが可能です。

図3-6：タイムズ カープラス
URL http://plus.timescar.jp/

[③郵送料データの収集]

郵送料を料金後納ができるサービスがあります（提供会社：日本郵便株式会社）。後納郵便を利用することで、利用料金内訳をCSVやPDFで取得することができます。利用開始時に事業所や部署などの階層情報を登録すれば、利用料金データに「差出年月日」「企業コード」「事業所コード」「部署コード」を持たすことができるので、それぞれでの利用状況を見ることができます。

図3-7：後納郵便サービス
URL http://www.post.japanpost.jp/fee/how_to_pay/deferred_pay/index.html

[④基幹システムでの受注・売上・外注費データ収集]

　Webフォーム上で各種書類を申請できるワークフローシステム「X-POINT」(提供会社：株式会社エイトレッド) も便利です。

　各種システムからCSVでデータを取得することができるため、売上伝票データや外注費伝票データ、各種マスターデータを作成して会計システムに取り込んでいます。また、システム間を関連付けることで次のシステムにデータを反映させることができるため、申請者が二度入力する手間が発生しません。

　申請時や承認時に一意な番号を採番することで、さまざまな管理に利用することができます。私の場合は、見積番号や案件番号として利用し、会計システム上でのプロジェクトコードとして活用しています。

図3-8：X-POINT
URL https://www.atled.jp/xpoint/

[⑤経費精算データの収集]

　経費精算システムの「楽楽精算」(提供会社：株式会社ラクス) は、各自が申請したデータをそのまま利用して、仕訳データや振込データを作成できます。社外からスマホやパソコンで利用可能なので、外出先でも申請可能です。

　経路検索機能を利用すれば、行き先だけメモしておけば金額を覚えて

おく必要がないですし、各自の定期区間を登録しておくことで、利用経路と重複する部分については、自動的に控除される仕組みになっています。

システム間連携をすることでクレジットカードの明細情報を取得して精算情報として利用することが可能です。予算管理機能を利用することで、「部門」「プロジェクト」「勘定科目」「社員」ごとに集計可能で、予算を超える申請には入力制限を設けることができます。

図3-9：楽楽精算
URL http://www.rakurakuseisan.jp/

[⑥経費精算データの収集]

経費精算システムの「DR経費精算」（提供会社：株式会社ベアテイル）は、領収書を撮影して送信するとオペレーターが仕訳をしてデータ化してくれます。クレジットカードや電子マネーなどの明細から経費情報を自動で取得して精算情報として利用することができます。

図3-10：DR経費精算
URL https://www.keihi.com/

[⑦外注費データの収集]

　請求書の受取／発行システムの「BtoBプラットフォーム」（提供会社：株式会社インフォマート）は、取引先から受領する請求書を電子で受け渡しができるシステムです。A社がBtoBプラットフォーム上からB社に発注し、B社はBtoBプラットフォーム上で発注を受けます。B社が発注データを返信するとA社に請求が行われる形になります。A社は自社が発注したデータをそのまま請求データにして利用できるわけです。もちろんB社からA社に請求データを送信することもできます。

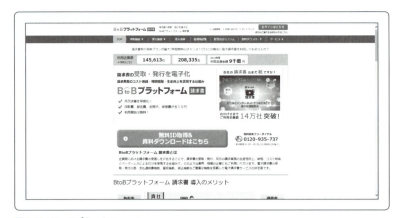

図3-11：BtoBプラットフォーム
URL https://www.infomart.co.jp/seikyu/

Section 04 Excelで情報収集しよう

各部門長に記入してもらうExcelデータの作成法

　Excelは情報収集に向かないと解説しました。1件の売上を1つのExcelデータで受け取って収集するようなやり方には非効率です。

　しかし、予算作成を依頼する際には、**Excelの1枚のシートに数字を入力してもらい収集しています**。具体的には、図3-12のようなシートを利用しています。サンプルファイル「**第3章-04_予算試算シート**」を参考にしてください。

○○年度予算試算シート			経営予算	差異		2016年度	2017年度
工事	部門	売上	27,000,000	-1,500,000	個別利益率	60.0%	55.0%
		部門利益	1,500,000	-1,446,110	部門利益率	4.0%	0.2%

区分	勘定科目	①人件費	③固定費	④準固定費	⑤不測費	⑥個別収支	⑦戦略予算	⑧削減目標	総計
01売上	売上					25,500,000	0		25,500,000
02材料費	材料費					3,000,000		0	3,000,000
03外注費	外注費					7,000,000		0	7,000,000
04人件費	基本給	5,000,000				800,000		0	5,800,000
	時間外	500,000				0		0	500,000
	通勤手当	200,000				0		0	200,000
	退職金引当	100,000				0		0	100,000
	法定福利費	855,000				120,000		0	975,000
	賞与	1,665,000				266,400		0	1,931,400
	賞与法定福利	249,750				39,960		0	289,710
小計		8,569,750				1,226,360			9,796,110
05経費	地代家賃		1,200,000	0		0		0	1,200,000
	旅費交通費		1,000,000	0		100,000		0	1,100,000
	事務用品費		800,000	0	100,000	40,000		0	940,000
	接待交際費		0	700,000	0	50,000		0	750,000
	広告宣伝費		0	300,000	0	0		0	300,000
	雑費		0	300,000	0	60,000		0	360,000
	②減価償却費		1,000,000			0		0	1,000,000
小計			4,000,000	1,300,000	100,000	250,000		0	5,650,000
総計		8,569,750	4,000,000	1,300,000	100,000	14,023,640	0	0	53,890

図3-12：予算作成時に入力するExcelシート

　予算の数字の具体的な作成方法については第4章で詳しく説明しますが、簡単に説明しておくと、事前に収集した情報と過去の実績を踏まえ、あらかじめ、シートの各項目に金額を入力しています。そして、各部門長

に数字の変更や追加をして返信してもらいます。そのときに利用するのが「入力可能なセルの設定」「変更箇所の一覧リストを作成」の2つの機能です。

[入力する手順をマスターしよう]

予算作成を依頼するExcelシートの具体的な作成方法を解説します（図3-13～図3-15）。

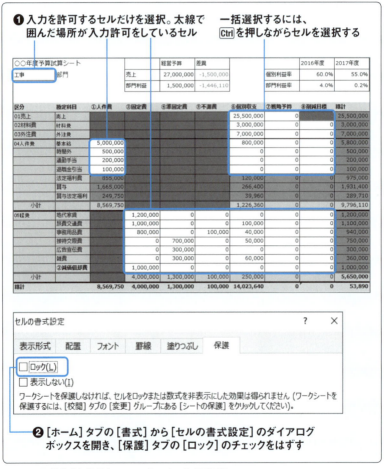

図3-13：予算作成を依頼するExcelシートの作成手順①

❸ 列A～Kを選択した状態で、[校閲] タブの [シートの保護] を選択し、[シートの保護] のダイアログボックスを開く

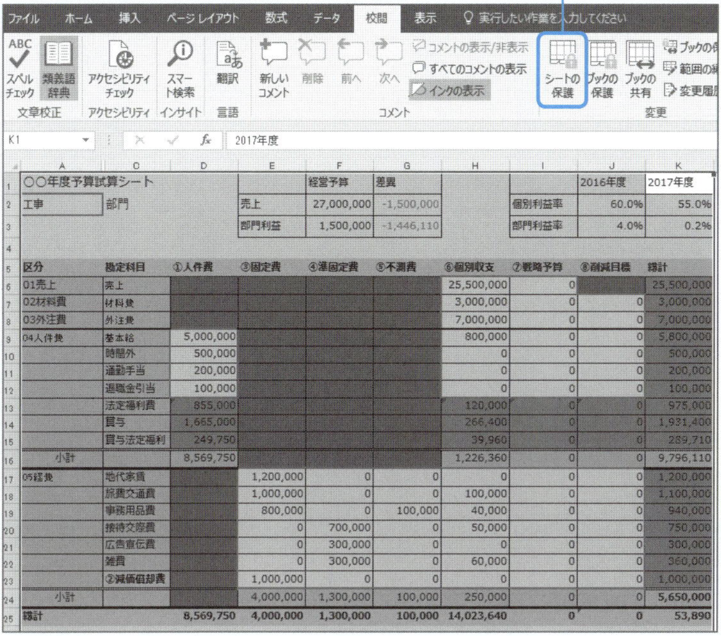

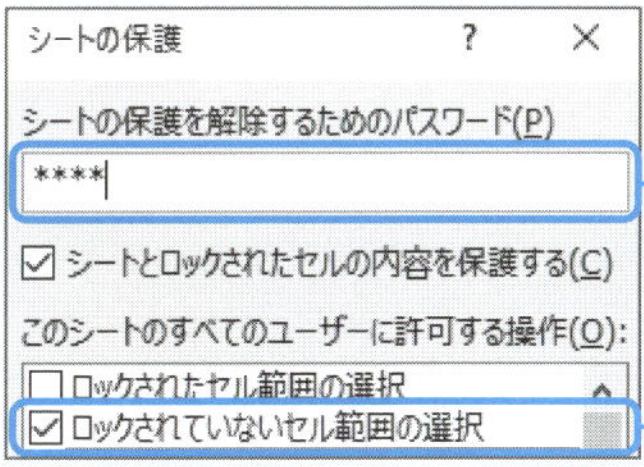

❹ パスワードを設定する

❺ [ロックされていないセル範囲の選択] のみにチェックを入れる

❻ [校閲] タブの [変更履歴の記録] をクリックし、[変更箇所の表示] を選択し、[変更箇所の表示] ダイアログボックスを開く

図3-14：予算作成を依頼するExcelシートの作成手順②

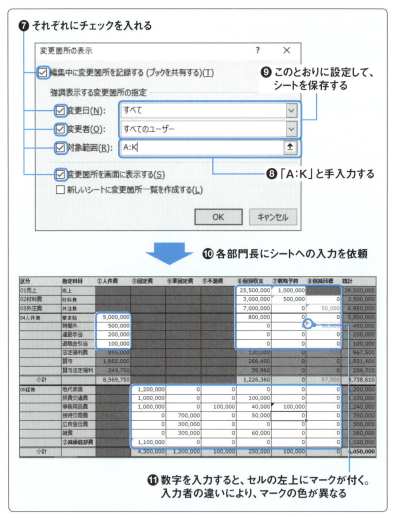

図3-15:予算作成を依頼するExcelシートの作成手順③

以上で設定は完了です。

[**編集箇所の一覧リストを作成しよう**]

　予算の下地となる数字は経理が作成し、各部門長が売上や経費増減をさせて予算を作成していきます。経理として押さえるべきは**元の数字から変更された数字や新しく入力された数値**です。ここが部門長としての予算

に対する意思が最も反映される部分だからです。

そのため、「**編集箇所の一覧リスト**」を作成すると、変更履歴が一覧でき便利です。それでは、「編集箇所の一覧リスト」の作成法について解説します（図3-16）。

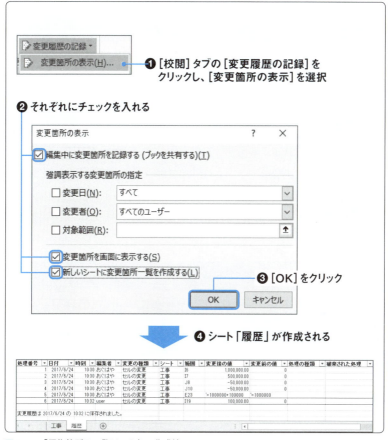

図3-16：「編集箇所の一覧リスト」の作成法

作成された履歴は、編集はできませんがコピーはできるので、別のExcelを起動して、それに貼り付けて利用します。なお、［編集中に変更箇所を記録する］のチェックをはずすとシート「履歴」が消えてしまい、変更箇所を元の数値と比較して確認しなければならなくなるので注意してください。

Section 05 インポートとエクスポートを理解しよう

データの取り込みと出力に活用できる

　データで収集した情報を活用するために「**インポート**」と「**エクスポート**」について理解しておきましょう。

　簡単に説明すると、「インポート」とはデータを取り込むこと、「エクスポート」とはデータを出力することで、主に異なるシステム間でデータをやり取りする際に利用されます。経費精算システムから仕訳データを「エクスポート」して、会計システムに「インポート」する、経費精算システムから銀行振込データ（全銀データ）を「エクスポート」して銀行のWebサービスに「インポート」して支払い処理をするなどの使い方をします。

「インポート」のイメージで理解しよう

　CSVを会計システムに「インポート」すると、カンマで区切られた項目が会計システムのデータベースのテーブルの各フィールドに入ります。CSVがデータベースにインポートされるイメージは、図3-17のとおりです。

　イメージのCSVはカンマで区切られた1行8区分のデータで構成されており、受け入れる会計システムデータベースは8列で構成されていて、区切られたデータがデータベースの各フィールドに収まるわけです。

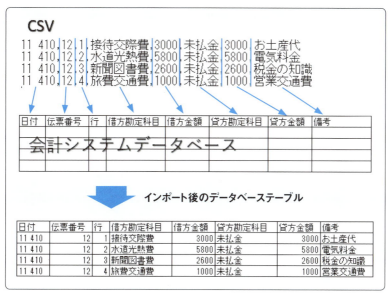

図3-17：データベースにインポートされたCSVのイメージ

[「インポート」する際の注意点]

データを「インポート」するにあたり、データ受入先のデータベースがどのように設定されているかを確認する必要があります。

データベースはカラム（列）ごとにデータ型を設定します。データ型というのは、文字列や数値といったものです。Excelの場合、データ型の設定はカラムごとではなくセルごとにできます。また文字列に設定しているセルに数値を入力しても、図3-18のようにエラー表示はされますが反映はされます。

図3-18では、文字列のセルに「1」を入力したために、「!」マークが表示されました。ただし、書式設定が数値になっているセルに文字列を入力しても、そのまま登録できます。しかし、データベースの場合、データ型を数値

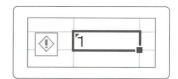

図3-18：エラー表示

に設定しているカラムに文字列を登録することはできず、エラーになります。

このように「インポート」を行う場合、**データを受け入れるデータベース側のテーブル構造がどうなっているかを確認する必要があります**。テーブル構造にのっとっていないデータをインポートした場合、表3-1のようにさまざまなエラーが生じます。

表3-1：主なエラーになるケース

エラー	内容
[指定書式と異なる書式になっている場合]	半角指定のところに全角が入っている場合や、数値指定のところに文字列を取り込んだときにエラーになる
[データ桁数が規定桁数を超える場合]	1備考の列は5文字以内と規定されているにもかかわらず「ボールペン代」のように6文字になっているときにエラーになる
[データ行数が規定行数を超える場合]	一度に取り込めるデータ行が200行以内であるのに、250行のデータをインポートされたときにエラーになる
[必須項目が空でデータが作成されている場合]	勘定科目が必須であるにもかかわらずデータで空欄になっているときにエラーになる
[一意項目に同じデータが利用されている場合]	データベースのテーブルの一意制限設定（複数の項目に同じ内容が入るのを禁止すること）をしているフィールドに同じデータをインポートしたときにエラーになる
[データ開始を示す文字を必要とする場合]	会計システムの仕様によっては、データの先頭に「*」がないとエラーになる
[項目区切りが誤っている場合]	区切りには「カンマ区切り」や「タブ区切り」などがあるが、それ以外にもある。インポートするデータ形式が適合している必要がある
[ダブルクォーテーション(")や区切り文字が利用されている場合]	「"通信料"」とくくられている場合、「"」は除いてインポートされる。「" "」と2つ連続している場合、1つにまとめてインポートされる。「,,」のように区切り文字が連続している場合、インポートされない

このように、インポートデータを作成する際、データを受け入れるシステムのマニュアルにデータ形式の仕様が記載されているので、それに従って作成しましょう。

ファイルインポート時にファイルを編集する

ファイルを取り込みする際に、データを一部変更したい場合に使えるテクニックです。

［ファイルインポート］のダイアログボックスでファイルを選択する際に、ファイルをダブルクリックするとファイル取り込みが実行されてしまいます。ファイルを選択した状態で、右クリックでコンテキストメニューを開き、［プログラムから開く］→［メモ帳］を選択するとファイルを開くことができます。

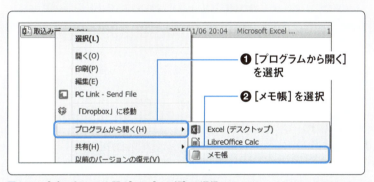

図3-19：［プログラムから開く］→［メモ帳］の選択

このように、データの中身を変更して保存することができるので、変更後の内容で取り込みを実行することができます。

Section 06 データの中身を理解しておこう

経理にとってはCSVの扱いは必須

　経理は業務上、日常的にデータを扱います。会計システムから出力したデータ、経費精算システムから出力したデータ、基幹システムから出力したデータなど、その種類はさまざまです。

　それらのデータは多くの場合、**「CSV」形式**で扱われます（図3-20）。「CSV」とは「Comma Separated Values」の頭文字を取ったもので、直訳すると「カンマで分けた値」という意味になります。つまり、CSVとは[,（カンマ）]で区切られたテキスト形式のデータのことをいいます。

```
11 410,12,1,接待交際費,3000,未払金,3000,お土産代
11 410,12,2,水道光熱費,5800,未払金,5800,電気料金
11 410,12,3,新聞図書費,2600,未払金,2600,税金の知識
11 410,12,4,旅費交通費,1000,未払金,1000,営業交通費
```

図3-20：CSV形式のデータ

CSVとExcelの違い

　WindowsでCSVを開くと自動的にExcelで開くと思います。そのため、CSVとExcelは同じものと思っている人もいるかもしれません。Excelと同じように操作でき、同じメニューが使えるため違いがわかりにくいですが、両者は異なるものです。両者の違いは次のとおりです。

［ **アイコンと拡張子が違う** ］

　アイコンと拡張子の違いを見てみましょう（図3-21）。

図3-21：CSVとExcelのアイコン

　左がCSVのアイコン、右がExcelのアイコンです。アイコンも拡張子も違うのがわかります。

[**拡張子「.csv」と「.txt」の違い**]

　システムから出力したデータがカンマ区切りであるのに、拡張子が.txtで出力されることがあります。CSVとは、[,（カンマ）]で区切られたテキスト形式のデータのことをいいます。「.csv」は、「値が[,（カンマ）]で区切られたデータの.txt」と同じなのです。

　つまり、拡張子が.txtのファイルでも、[,（カンマ）]で区切られているデータであればCSVです。

データにはさまざまな形式がある

　データの主流の形式はカンマで区切ったCSVです。しかし、区切りに使われるのは、カンマだけではありません。タブ区切り（図3-22）やスペース区切りなどがあります。

```
日付   部門名  勘定科目名       補助科目名          金額    摘要
11 410  B部門  旅費交通費(原)    鉄道・バス          200     営業交通費
11 410  B部門  通信費(原)        電話代    5800      携帯電話
11 410  B部門  旅費交通費(原)    鉄道・バス          200     営業交通費
11 410  管理部  雑費             得意先飲食5000円未満  5863   打合せ飲食
11 410  管理部  雑費             e-bank利用料  2160   ネットバンキング利用料
11 410  管理部  雑費             振込手数料    3086   振込等手数料
```

図3-22：タブ区切りデータの例

Section 07 ExcelをCSVに変換する

会計システムにはCSVで取り込もう

　Excelで作成したものをCSVに変換して、会計システムやその他システムに利用できるようになれば、手入力する必要がなく、入力ミスも生じないため、**業務を効率的に行うことができる**ようになります。

　私の場合、会計システムへの仕訳入力の95%以上はCSVの取り込みで行っているため、手入力の手間や入力ミスは生じません。その分他の業務に時間を費やすことができます。

　Excelでのセルの区切りがカンマの区切りになります（図3-23）。

日付	部門名	勘定科目名	補助科目名	金額	摘要
11 410	B部門	旅費交通費(原)	鉄道・バス	200	営業交通費
11 410	B部門	通信費(原)	電話代	5800	携帯電話
11 410	B部門	旅費交通費(原)	鉄道・バス	200	営業交通費
11 410	管理部	雑費	得意先飲食5000円未満	5863	打合せ飲食
11 410	管理部	雑費	e-bank利用料	2160	ネットバンキング利用料
11 410	管理部	雑費	振込手数料	3086	振込等手数料

図3-23：カンマの区切りのイメージ

　CSVに変換したいときは、Excelを開いた状態で F12 を押すと、[名前を付けて保存]のダイアログボックスが開くので、[ファイルの種類]から「CSV UTF-8（コンマ区切り）(*.csv)」か「CSV（コンマ区切り）(*.csv)」を選択します（図3-24）。

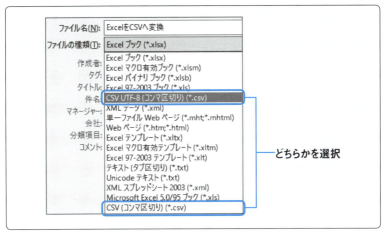

図3-24:ファイルの種類から選択

　［保存］ボタンを選択するメッセージが表示されるので、［OK］をクリックします。

　ExcelからCSVに変換する際に複数のシートがある場合、CSVに変換されて保存されるのは選択しているシートのみです。

2つのシートがあるExcelをCSVにする場合

　図3-25のような2つのシートがあるExcelがあり、これらのファイルを「CSVファイル」と名付けてCSVで保存したものをExcelで開くケースを考えてみましょう。

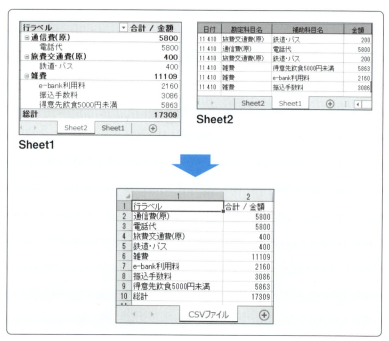

図3-25:CSVで保存したものをExcelで開く

　セルを塗りつぶしていた色はなくなり、罫線も消え、シート名も「Sheet2」から「CSVファイル」に代わり、もう1つのシート「Sheet2」がなくなりました。

　保存される際に選択しているシートのみがCSVとして保存され、ファイル名＝シート名となります。

　どのようなデータになっているかを確認するために、CSVで保存したファイルをメモ帳で開いてみましょう。ファイルを選択した状態で［アプリケーション］キーもしくは Shift ＋ F10 でコンテキストメニューを開き、［プログラムから開く］から［メモ帳］を選択します（図3-26）。

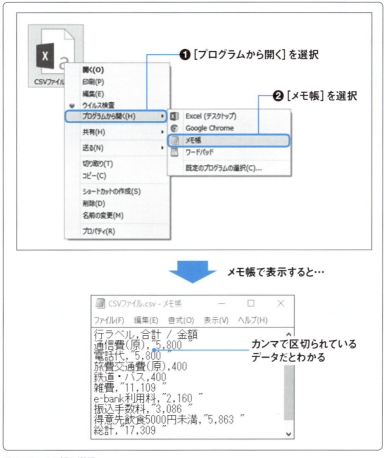

図3-26：メモ帳の選択

Section 08 CSVをExcelに変換する

Excelで変換する際には一工夫が必要

　通常、WindowsでCSVをクリックして開くとExcelが起動します。ただ、「001」のような「0」で始まる文字列がある場合、CSVからExcelで開いてしまうとExcelが勝手に数値と判断してしまい、「1」と変換されてしまいます。
　そのため、CSVをExcelに変換する際には、CSVをクリックしてExcelを開くのではなく、次の2つの方法のいずれかを利用するようにしましょう。

　①「区切り位置」コマンドを利用して変換する
　②「外部データの取り込み」コマンドを利用して変換する

　②の方法では、一度取り込んだデータは設定が記録され、次からは「更新」コマンドを使えば一瞬でデータ更新がされるので、同じファイルを何度も取り込みする場合にも使えます。たとえば、毎日売上データを取り込んでピボットテーブルで日次集計する際などに利用すると便利です。
　①・②それぞれのやり方について詳しく見ていきます。

「区切り位置」コマンドを利用して変換する方法

　「区切り位置」コマンドを利用して変換するには、図3-27・図3-28の手順で行います。手順は多いですが、順を追って操作すれば問題ありません。

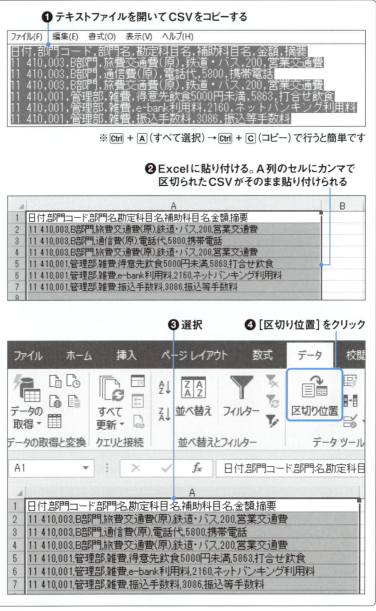

図3-27:「区切り位置」コマンドを利用して変換する手順①

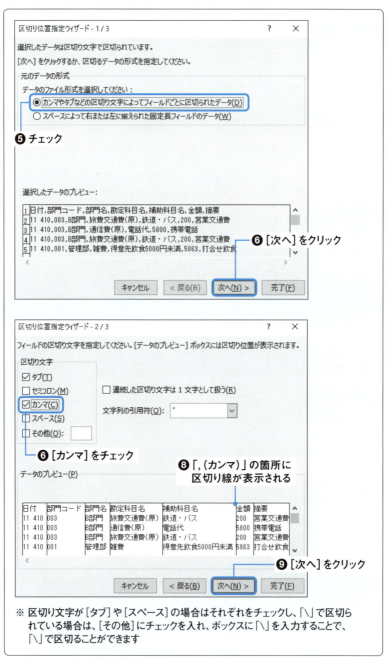

図3-28:「区切り位置」コマンドを利用して変換する手順②

[区切ったあとの操作]

区切ったあとの列のデータ形式を選択します（図3-29）。[G/標準]を選択していると、数字は数値に、日付は日付形式の値に、その他の値は文字列に変換されます。今回は部門コードが「001」「003」といった「0」で始まるので、[文字列]にチェックを入れて[完了]をクリックします。

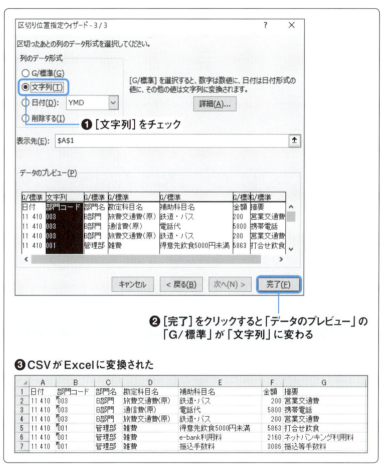

図3-29：文字列にチェックを入れて完了

文字列が数値に変わるのを防ぐ

部門コードを列のデータ形式「G/標準」のままにしていると、図3-30のように、文字列ではなく数値に変換されてしまいます。元データの形式のまま取り込みたい場合は、列のデータ形式の設定に注意が必要です。

日付	部門コード	部門名	勘定科目名	補助科目名	金額	摘要
11 410	3	B部門	旅費交通費(原)	鉄道・バス	200	営業交通費
11 410	3	B部門	通信費(原)	電話代	5800	携帯電話

図3-30：列のデータ形式

「外部データの取り込み」コマンドを利用して変換する

もう1つのケースである、「外部データの取り込み」コマンドを利用して変換する場合について解説します。

なお、Excel 2010と2013、2016で大きく仕様が変わったコマンドになるので、それぞれのケースで説明します。

Excel 2010と2013の場合

Excel 2010と2013で「外部データの取り込み」コマンドを利用して変換する手順を紹介します。まずは、図3-31を参照してください。

[テキストファイルの選択]

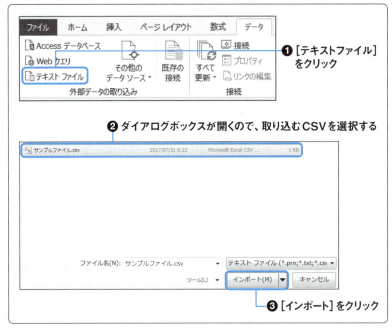

図3-31：テキストファイルの選択

[区切るデータ形式の指定]

図3-32：区切るデータ形式の指定

［区切り位置］コマンドを利用して変換する際に出てきた［区切り位置指定ウィザード］との違いは、［取り込み開始行］と［元のファイル］です。［取り込み開始行］は取り込むデータの何行目からをExcelに反映させるかを指定します。［元のファイル］は文字コードを選択します。文字コードはコンピューターで文字を表すためのルールです。基本的にExcelが自動判定してくれますが、選択がおかしいと文字化けを起こします。

[フィールドの区切り文字の指定]

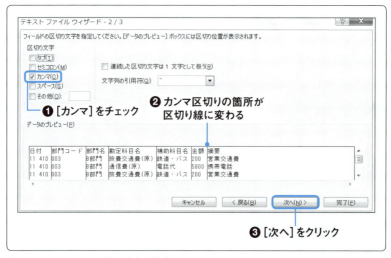

図3-33：フィールドの区切り文字の指定

[区切ったあとの列のデータ形式の選択]

　区切ったあとの列のデータ形式を選択します。［G/標準］を選択していると、数字は数値に、日付は日付形式の値に、その他の値は文字列に変換されます。

図3-34：区切ったあとの列のデータ形式の選択

[［データのインポート］というメッセージの表示]

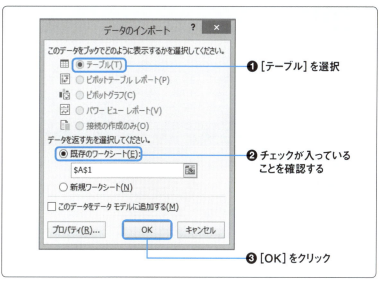

図3-35：データのインポート

Excel 2016の場合

次に、Excel 2016のケースを紹介します。まずは図3-36を参照してください。

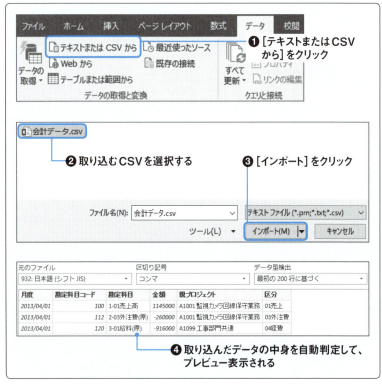

図3-36：プレビュー表示までの手順

プレビュー表示のそれぞれの項目について補足しておきます。

［元のファイル］では文字コードを選択します。

［区切り記号］は、データを区切る記号の設定です。CSVが有名ですが「スペース」や「タブ」などで区切ることができます。カスタムを利用すれば「｜（縦線）」や「-（ハイフン）」などで区切ることも可能です。

［データ型検出］では、データの中身をExcelが見てどのように取り込むかを決めます。

［最初の200行に基づく］と［データ型を検出しない］では、取り込み方法がどのように違うのか、比較して説明します。

「月度」は図3-37では「2013/04」であったのが、図3-38では、「2013/04/01」になっています。また「勘定科目コード」は、図3-37では頭に付いていた0が、図3-38では勝手に取り除かれています。

一方、図3-39の場合は、図3-37のまま取り込まれていますが、「金額」も文字列に取り込まれています。

```
ファイル(F)  編集(E)  書式(O)  表示(V)  ヘルプ(H)
月度,勘定科目コード,勘定科目,金額,親プロジェクト,区分
2013/04,0100,1-01売上高,1145000,A1001 監視カメラ回線保守業務,01売上
2013/04,0112,2-03外注費(原),-260000,A1001 監視カメラ回線保守業務,03外注費
2013/04,0120,3-01給料(原),-916000,A1099 工事部門共通,04経費
```

図3-37：取り込みするデータの中身

月度	勘定科目コード	勘定科目	金額	親プロジェクト	区分
2013/04/01	100	1-01売上高	1145000	A1001 監視カメラ回線保守業務	01売上
2013/04/01	112	2-03外注費(原)	-260000	A1001 監視カメラ回線保守業務	03外注費
2013/04/01	120	3-01給料(原)	-916000	A1099 工事部門共通	04経費

図3-38：［最初の200行に基づく］のプレビュー画面

Column1	Column2	Column3	Column4	Column5	Column6
月度	勘定科目コード	勘定科目	金額	親プロジェクト	区分
2013/04	0100	1-01売上高	1145000	A1001 監視カメラ回線保守業務	01売上
2013/04	0112	2-03外注費(原)	-260000	A1001 監視カメラ回線保守業務	03外注費
2013/04	0120	3-01給料(原)	-916000	A1099 工事部門共通	04経費

図3-39：［データ型を検出しない］のプレビュー画面

プレビュー画面で表示されたとおりに取り込まれるので問題ないならば、［読み込み］を選択します。

［ クエリエディターで編集を行う ］

［最初の200行に基づく］でも［データ型を検出しない］でも、思ったと

おりにデータを取り込んでくれない場合があります。そのような場合には、［編集］を選択しクエリエディターを開きます。

[データ型を変換する]

「月度」と「勘定科目コード」をデータのまま取り込む設定を行います（図3-40・図3-41）。

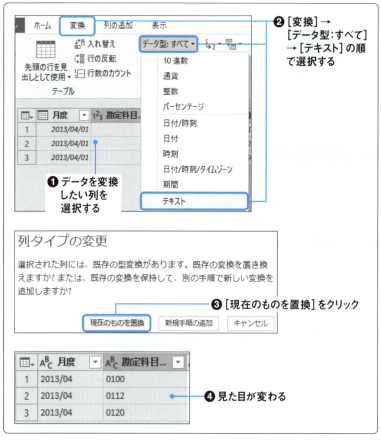

図3-40：データ型を変換する①

図3-41:データ型を変換する②

「更新」コマンドを利用してデータを再取り込みする

　一度取り込んだデータは設定が記録され、次からラクに処理ができます。どのような機能か、一連の流れで見たほうが理解しやすいと思います。

[1回目の処理]

❶ 4月売上のデータを作成する

```
月度,勘定科目コード,勘定科目,金額,親プロジェクト,区分
2013/04,0100,1-01売上高,1145000,A1001 監視カメラ回線保守業務,01売上
2013/04,0112,2-03外注費(原),-260000,A1001 監視カメラ回線保守業務,03外注費
2013/04,0120,3-01給料(原),-916000,A1099 工事部門共通,04経費
2013/05,0100,1-01売上高,2294000,A1005 道路設備工事,01売上
2013/05,0112,2-03外注費(原),-1829000,A1005 道路設備工事,03外注費
2013/05,0120,3-01給料(原),-891429,A1099 工事部門共通,04経費
```

❷ 4月売上のデータを「外部データの取り込み」で取り込む

	A	B	C	D	E	F
1	月度	勘定科目コード	勘定科目	金額	親プロジェクト	区分
2	2013/04	0100	1-01売上高	1145000	A1001 監視カメラ回線保守業務	01売上
3	2013/04	0112	2-03外注費(原)	-260000	A1001 監視カメラ回線保守業務	03外注費
4	2013/04	0120	3-01給料(原)	-916000	A1099 工事部門共通	04経費
5	2013/05	0100	1-01売上高	2294000	A1005 道路設備工事	01売上
6	2013/05	0112	2-03外注費(原)	-1829000	A1005 道路設備工事	03外注費
7	2013/05	0120	3-01給料(原)	-891429	A1099 工事部門共通	04経費

図3-42:「更新」コマンドを利用してデータを再取り込みする際の1回目の処理①

❸ ピボットテーブルで４月売上の集計表を作成する

合計 / 金額	列ラベル	
行ラベル	2013/04	総計
01売上	1145000	1145000
03外注費	-260000	-260000
04経費	-916000	-916000
総計	-31000	-31000

※ ピボットテーブルの作成方法は
　 Chapter05のSection02で
　 説明します。

図3-43：「更新」コマンドを利用してデータを再取り込みする際の１回目の処理②

[２回目以降の処理]

❶ ４、５月売上データを作成する

```
月度,勘定科目コード,勘定科目,金額,親プロジェクト,区分
2013/04,0100,1-01売上高,1145000,A1001 監視カメラ回線保守業務,01売上
2013/04,0112,2-03外注費(原),-260000,A1001 監視カメラ回線保守業務,03外注費
2013/04,0120,3-01給料(原),-916000,A1099 工事部門共通,04経費
2013/05,0100,1-01売上高,2294000,A1005 道路設備工事,01売上
2013/05,0112,2-03外注費(原),-1829000,A1005 道路設備工事,03外注費
2013/05,0120,3-01給料(原),-891429,A1099 工事部門共通,04経費
```

❷ [データ] タブの [すべて更新] を選択

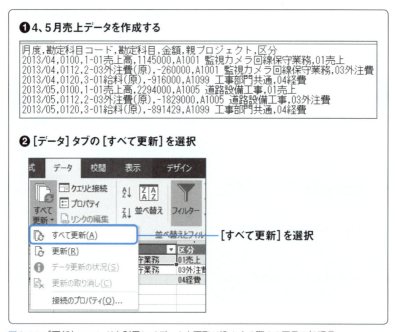

［すべて更新］を選択

図3-44：「更新」コマンドを利用してデータを再取り込みする際の２回目の処理①

❸ データとピボットテーブルが更新され、4、5月売上の集計表が作成される

	A	B	C	D	E	F
1	月度	勘定科目コード	勘定科目	金額	親プロジェクト	区分
2	2013/04	0100	1-01売上高	1145000	A1001 監視カメラ回線保守業務	01売上
3	2013/04	0112	2-03外注費(原)	-260000	A1001 監視カメラ回線保守業務	03外注費
4	2013/04	0120	3-01給料(原)	-916000	A1099 工事部門共通	04経費
5	2013/05	0100	1-01売上高	2294000	A1005 道路設備工事	01売上
6	2013/05	0112	2-03外注費(原)	-1829000	A1005 道路設備工事	03外注費
7	2013/05	0120	3-01給料(原)	-891429	A1099 工事部門共通	04経費

❹ ピボットテーブルの集計に5月分が追加された

合計 / 金額	列ラベル		
行ラベル	2013/04	2013/05	総計
01売上	1145000	2294000	3439000
03外注費	-260000	-1829000	-2089000
04経費	-916000	-891429	-1807429
総計	-31000	-426429	-457429

※[更新]を実行するとデータのみが更新され、ピボットテーブルは再集計されません。

図3-45:「更新」コマンドを利用してデータを再取り込みする際の2回目の処理②

2つの方法をうまく利用して業務を効率化させましょう。

[「更新」コマンドを利用する際の注意点]

●最初に取り込んだデータと列情報を変えない

1行目がタイトル行になるように設定している場合、6列で取り込んだものには6列のデータでないとデータの取り込みはできません。

またタイトル行を設定していない場合（1行目がColumnとなる）、データの取り込みはできますが有効活用できるデータとはいえません。

●フォルダ場所もファイル名も同じ

取り込まれるファイルは同じファイルパス（最初に取り込んだファイルの場所）でなければなりません。

「更新」コマンドを実行するとExcelはファイルパスにファイルを取得しに行くので、同じフォルダの同じファイル名でないとファイルを見付けることができないからです。

Chapter 04

仮説立論スキル
～論理的な経理になる～

「仮説立論」と聞くと非常に難しく感じるかもしれませんが、
あなたが普段行っている業務でも「仮説立論」は行われています。
この章では普段行っている業務を整理して、
その過程でどのような「仮説立論」が行われているのか、
どのように「仮説立論」を行うのか、
そこからどのような行動に結び付けるのかについて説明します。

Section 01 仮説立論の目的は行動を起こさせるため

仮説とは？

　仮説立論について説明する前に、まず「仮説」とは何かについて説明しておきましょう。

　「仮説」とは文字通り「仮の説」です。「仮の答え」といってもよいかもしれません。

　問題が発生した場合、何かの事象が発生した場合、そこには何らかの理由があります。理由がわかりやすいものであればよいですが、中にはなぜそうした事態に陥っているのかわからない場合もあります。

　そのためにまず「仮説」を立てて、その「仮説」が合っているかを検証する方法が有効です。「仮説」を立てることによって、自分が何を調べるべきなのかがはっきりするので、そのために必要な行動を起こせばよいわけです。もし「仮説」がなければ何から手を着ければよいのかと悩んでしまいます。

　もちろん立てた「仮説」が間違っていることもあり得ます。しかし、最初に立てた「仮説」が間違っていれば、また別の「仮説」を立てて「答え」に近付いていけばよいのです。

仮説を立論するだけでは何も役に立たない

　仮説を立てるだけで終わってしまっては、何の意味もありません。仮説を立論する目的は、**誰かに何らかの行動を起こさせること**にあります。その対象者は経営者であったり、部門責任者であったり、一担当者であったり、経理自身であったりします。

　当たり前の話ですが、経理もミスをします。仕訳入力の間違いであった

り、仕訳のための計算の誤りであったりと、あらゆる処理で間違う可能性があります。もちろん間違いを犯さないように注意しますが、絶対に間違いが起きないということはあり得ません。

経理の仕事は情報を提供することと述べました。情報は相手方から依頼されたものを提供するだけでなく、経理から何らかの改善行動を起こしてもらうために提供する情報もあります。

しかし、その提供する情報に間違いがあったら元も子もありません。当たり前ですが、間違いがない情報の提供をすることが大前提となります。

経理処理にミスがないか、収集した情報に誤りがないかなど、これらのチェックも「仮説」を使って行っているものです。

仮説立論の先には仮説の検証があり、仮説の検証の第一ステップが経理自身のミスチェックであるといえます。

経理自身のミスであれば、経理が訂正を起こすというアクションを起こします。経理のミスでないのであれば、次の検証ステップへと進むことになります。

「仮説」を提示することが経理の役割

経理の元には売上や給与、交際費などさまざまな数字が集まりますが、すべての数字が集まるわけではありません。しかし、得られる情報から新規取引先情報や時間外勤務時間、交際費の利用状況など、さまざまなことを見ることができます。

経理の役割は、**数字を整理して現場では見えなかった数字を提供すること**です。

しかし、ただ結果だけを提供するのではなく、必要に応じて**なぜこの数値なのか**を確認しなければなりません。

仮説を立論したらそれを分析し、得られた検証結果をもって情報を提供します。情報を受けた相手が自発的に情報を分析して、問題が発生している場合は何かしらのアクションを起こしてくれるのならいうことはありません。自ら気付き、自らどうにかしようと行動してもらうほうが効果は

高いからです。

けれども、問題を問題として認識しないケースもあります。問題が以前より継続して発生しているものである場合、その状態であることが当たり前になってしまっているために問題と感じないということは多々あります。また、問題が多くの情報や大きな情報の中に埋もれてしまっていて、認識できないといったことも考えられます。

けれども、経理から疑問や気付きを投げかけてやることで、現場の人が見落としていたものに気付きを与えることができます。そういったことを考え、**「誰に、どのように、どのタイミングで」**情報を提供するかも大切です。

数字を見て疑問や気付きなどの「仮説」を立論することは、慣れてしまえば誰でもできるようになることです。あとは気付きを得やすい情報をいかに提供できるかがポイントです。仮説を立てられても、それが検証できる材料がなければ意味がないからです。

「仮説立論」の位置付け

数字を眺める中で出てくる「なぜ？」「何で？」という疑問が「仮説立論」の第一歩です。

「なぜ？」といった疑問が出てくるようになるためには、**眺める数字に工夫が必要**です。いくら数字に慣れている人でも、雑然と並んでいる数字から「なぜ？」を導き出すことは難しいからです。「なぜ？」は、「本来あるべき数字」と「現状の数字」にギャップがあるために生じるものです。そのためには、まず「本来あるべき数字」が必要です。「本来あるべき数字」とは、「基準」と言い換えることができます。「基準」は1つだけではなく、どのような「なぜ？」を導きたいかによっていくつも設定されます。

「基準」は**「絶対基準」**と**「相対基準」**の2つに分類することができます。

「絶対基準」は同一要素で比較する際に利用します。たとえば「前年値」であれば、前年と今年の同一期間の同部門売上を比較して、増減がどのようになっているのかを確認します。なぜ売上が増減したのか、売上を構成

する個別の商品やプロジェクトでの売上に分解して検証します。

「相対基準」は異なる要素で比較する際に利用します。たとえば、売上に対して売上原価率が平均60％であるのに対して、今月は70％になっているとします。なぜ売上原価率が10％上がったのか、売上原価を構成する小売業であれば仕入単価、製造業であれば材料費がどのように変動したのかなどを検証します。

どちらか片方の基準があればよいというわけではなく、両方を活用することによって、効果的に「なぜ？」を検証することができます。

ここで仮説立論がどのような位置付けになるのか、箇条書きで紹介しておきましょう。

①情報管理
②本来あるべき数字を設定する
③違和感を探す
④違和感の原因を考える（仮説の立論）
⑤仮説を分析する（いくつかの角度から行うことが重要）
⑥経理の間違いであれば修正する
⑦担当者のミスであれば訂正を依頼する
⑧各責任者に行動のための情報を提供する

①と②が仮説を立論するための基準設定、③と④が仮説の立論、⑤が仮説を検証して、⑥〜⑧で検証した結果に対してアクションを起こすという流れになります。

「基準」を設定するだけならば「②本来あるべき数字を設定する」からでよいのですが、あえて「①情報管理」を前に位置付けたのは、「①情報管理」がきちんとできていないと「基準」がブレて役に立たないものになってしまうからです。

Section 02 仮説立論には「基準」となる数字が重要

前節で仮説立論には「基準」が必要と述べました。同じことの繰り返しになりますが、「なぜ？」は「本来あるべき数字」である「基準」と「現状の数字」のギャップにより生じるものです。この考えは経理を行っている者にとっては非常になじみ深いものです。

ここでは代表的な「基準」についてとそれぞれの「基準」を用いてどのように「仮説立論」と「仮説検証」を行うのか説明します。

代表的な「基準」と「比較方法」

「仮説立論」と「仮説検証」を行う際に用いる基準には、次のようなものがあります。

- 「月別推移比較」
  「今月の数字」と「今月以前の数字」とを比べて、増減を確認する方法です。この場合は、「今月以前の数字」が基準になります。

- 「前期比較」
  昨年の同じ時期と比べて売上や利益がどれくらいなのかを確認する方法です。この場合は、「前期値」が基準となります。

- 「予算実績比較」
  「予算値」と「実績値」を比べて、進捗がどのようになっているかを確認する方法です。この場合は、「予算値」が基準となります。

それぞれの基準にはそれぞれの目的があって利用されるものであり、「仮説立論」「仮説検証」を別の角度から行うために利用されます。それぞ

れについて、もう少し詳しく見ていくことにします。

「基準」を用いた「仮説立論」と「仮説検証」

[月別推移比較]

　月次決算を行っている会社であれば「月別推移比較」を行っているのではないでしょうか。「月別推移比較」では今月の数字と今月以前の数字と比較して、大きく増減している項目がないかを探します。

　大きく増えている項目がある場合は費用が二重計上されている可能性がありますし、減っている項目がある場合は費用の計上漏れの可能性があります。たとえば、家賃は毎月必ず発生する費用なので、費用推移を見て計上されていなければおかしいことがすぐにわかります。これは非常にわかりやすい例ですが、実際にはもっと機微な費用もあります。そうした費用は、より細かい集計単位である補助勘定科目での推移でチェックしたり、支払先ごとでの推移をチェックしたりと角度を変えてチェックすることが必要になる場合もあります。

　また、売上と比例関係にあるはずの費用（売上原価）が、思ったような比例関係になっていないときには、売上原価の計上漏れがあるのではないかと考えます。

　これらのチェック方法は「本来ならこれくらい費用が発生していないとおかしい」という基準と、実際の数字を比較してわかるものです。

　こうしたチェックを毎月当たり前に行っている経理担当者であれば、この作業に「仮説立論」があるとは思わないでしょうが、やっている作業を細分化すると、「仮説立論」→「仮説検証」というサイクルを繰り返していることがわかります。

　ただこの業務に慣れ過ぎると、この費用は発生するのが当たり前になってしまい、本来ムダに発生しているかもしれない費用を見直すことを忘れてしまう危険性があるので注意が必要です。

[**前期比較**]

　少し特異な例かもしれませんが、工事売上を題材に前期比較について説明します。

　工事に限りませんが、取引先の予算によって受注が左右することが多々あります。その傾向は年度末に現れます。今期中に完成可能な時期に発注が膨らんだりします。

　グラフにすると期末に向けて売上が右肩上がりになる傾向にあります。そのため売上状況をチェックするのであれば、前期同期を使って比較を行わないと適正なチェックはできません。

　どういうことかを説明するために、「予算値」を使っての進捗管理を見てみましょう（表4-1）。

表4-1：予算実績比較による進捗管理　　　　　　　　　　　　　　　　　　単位：千円

		第1四半期		第2四半期		第3四半期		第4四半期	
	予算	今期	進捗率	今期	進捗率	今期	進捗率	今期	進捗率
売上	1,000	180	0.18	370	0.37	600	0.60	1,000	1.00
標準進捗率			0.25		0.50		0.75		1.00

　「標準進捗率」とは、予算に対してその時点でどれだけ売上を達成しているのかを表すもので、四半期ごとでの進捗率だと0.25→0.50→0.75→1.00と推移します。

　先に述べたように年度末が近付くにしたがって売上が増える場合、単純に売上が積み上がっていくとはならないわけです。

　もちろん毎年同じ傾向になるとは限りませんが、その前提を踏まえずに予算対比をしても意味がありません。

　前期比較で見てみましょう（表4-2）。

表4-2：前期比較による進捗管理　　　　　　　　　　　　　　　　　　単位：千円

	第1四半期			第2四半期			第3四半期			第4四半期		
	前期	今期	増減率	前期	今期	増減率	前期	今期	増減率	前期	今期	増減率
売上	150	180	1.20	350	410	1.17	600	680	1.13	900	1,000	1.11

前期の同じ期間のデータで比較すると、売上は増加しており、同じような推移をたどっているのがわかります。

このような傾向にある売上で把握しておかなければならないのは、受注が期待される見込み額です。何をもって見込みとするか判断は難しいですが、金額の裏付けを求めるのであれば見積書が合理的といえます。

将来予測が求められる管理会計では、これから売上となる見積書の把握も重要となります。

[**予算実績比較**]

「予算実績比較」については後ほど詳しく取り上げるので、ここでは簡単に説明しておきます。

予算実績比較は予算と実績の差異を分析するために行います。「月別推移比較」と「前期比較」の基準値は実際の数字であるのに対し、「予算実績比較」の基準値は計画の数字です。

企業は前期よりも成長していくために、予算は前期よりも高い数字を設定します。会社が予算通りに売上や利益を上げてくれるのが理想ですが、実際にそのとおりになるとは限りません。予算の中にもいろいろな数字があり予算通りに売り上げる案件や費用などもありますが、多くは何かしらの原因でズレが生じます。

そのズレは想定外のことが起きたために生じことなのか、そもそも予算が甘かったためなのか、原因はさまざまです。

仮説の立論では基準と比較することによって生じる違和感が仮説となるわけで、予算実績比較の差異が仮説となるわけです。

しかし、基準である予算が「何となくそれらしい数字」と曖昧なものであったら、そもそも基準として使い物になりません。

そのため予算はどのような組立てでその数字が出来上がったのか、明確な裏付けを持ったものでないと基準としては不十分なのです。

Section 03 「予算」の必要性

　仮説立論には基準が必要と説明しました。

　この基準には「**過去基準**」と「**未来基準**」があります。前月実績や前年度実績は「過去基準」で、予算は「未来基準」です。

　第1章で述べたように、会社は成長し続ける存在でなければなりません。そのためには、「過去基準」と比較してどうかを見る以上に、会社があるべき姿である「未来基準」の予算が重要です。

　ここまでの説明で、仮説立論をするためには予算が大切であることが理解できたと思いますが、予算の必要性についてもう少し詳しく見ていくことにします。

指標となる数字が必要

　予算は会社の数値指標です。指標があることによって、組織全体がそれを目指して努力することができます。

　会社には、まず「赤字にならない」という最低限のラインがあります。昇給は一般的に、事業年度開始時点で行われます。会社の成長を見込んだ上で、昇給を決めるわけです。予算上の売上は未確定数値ですが、給料は確定数値です。すなわち、見込んでいた売上がなくても、給料は発生します。思ったように売上が伸びなかったからといって、固定給を減らすことはできません。そのために成長が必要と述べました。

　しかし、計画通りに成長して利益が出ていても、その利益のすべてを給与に反映させるわけではありません。設備やシステムに投資して新しい商品を作ったり、新規事業を始めたり、事業領域を拡大したりするのも、さらなる成長に必要なことです。

　新しい事業を始める場合、初年度から黒字化できるとは限りません。新規事業への先行投資で赤字が出ると想定している場合、他の部門での利

益で補い、会社全体では赤字にならないようにしなければなりません。新規事業においては、どれくらいの赤字を許容できるのかをあらかじめ予算で設定しておく必要があるわけです。

会社を維持・成長させるためには指標となる数字が必要であり、それが予算なのです。

ちなみに、設立の初期段階で大きく投資していて、赤字になっている会社はたくさんあります。まずシェアを押さえて、将来的に利益を取りに行くという図を描いている場合には、そのようなケースもあり得るのです。

数字に対して責任感を持たせる

予算は、経営層が考える数字と、現場が考える数字をすり合わせて作成していくのが理想です。経営層が一方的に無理な数字を押し付けても、現場はしらけるだけです。「何で予算を達成できていないのか」と説明を求められても、「そもそもの数字に無理があるのに……」と思うのが普通でしょう。

しかし、逆に、現場が作る数字は保守的になる傾向があります。それでは会社の成長が望めません。**努力が必要ではあるけれど実現可能な数字**。予算を作る際にはこの数字を探ることになります。

予算は年間を通じていろいろなものに影響を与えるので、各部門が理解し受け入れられるものでないといけません。予算実績比較をして差異分析をしても、そもそもの基準となる予算がおかしければ、そういった分析も意味のない行為になります。

予算を組む際のスタートは経営層による目標予算です。これは、経営層として会社をどうしたいのかという思いを可視化したものです。ここで、前述の「努力が必要ではあるけれど実現可能な数値」をうまく提示できるかが大切です。

このような数字を作るためには、経営層は会社をよく知っていなければなりません。逆にいうならば、会社をよくわかっているならば無理な数字はいわないはずです。ここでの無理な数字とは、経営層が現場に対して、

「なぜこの予算なのか」と説明できないような数字のことです。

同時に各部門にも予算を作成させます。先にも書いたように、各部門は保守的な数字で予算を作成する傾向にあります。部門として増収増益にはなっているけれども、過年度の推移から見て弱気な予算であったり、前期を割り込んだ予算であったりとさまざまです。

経理は各部門とヒアリングをして、なぜこの予算になったのかを確認すると同時に経営層の考えを伝えます。

このとき、経理には**双方に受入れが可能な数字を折衝する役割**が求められます。一方的に押し付けられたものではなく、話し合いを経て作成されたという事実が重要です。部門長も話し合いを重ねる中で、部下に説明できるくらい予算の理解を深めることができますし、自分の意見を踏まえた上での数字なので責任感を持たせることができます。

自部門の数字への理解を深める

予算作成は自部門ではどのような費用がかかっているのか、削減可能な費用はあるのかなどを見直しすることができるよい機会です。

「予算通りにいかない」という意見もあります。しかし、予算作成の際にどのような考えで予算を組んだかを明確にしておくと、なぜ予算通りにいかなかったのかを分析することができます。

分析ができれば説明ができます。説明ができれば対策を考えることができます。

どのような費用がかかっているのかを理解しつつ、ここにはもっと予算を付けようといったことができれば、自部門への数字に対する意識は高まります。

Section 04 予算作成の3つのポイント

Chapter 04 仮説立論スキル 〜論理的な経理になる〜

予算の基礎となる数字は過去実績値

　予算の作成方法は会社によってさまざまですが、**過去実績値をベースとして作り上げていくのがスタンダードな方法**です。

　実績値といっても、数字にどのような情報を持たせているかによって、予算の作成方法に違いが出ます。たとえば、仕訳に勘定科目と金額しかない場合は、ざっくりとした予算しか作成できません。それに対し、仕訳に部門情報やセグメント情報を持たせているのであれば、より詳細な予算の作成が可能になります。個別原価計算を採用している場合、プロジェクトごとの収支を見ることができます。

　どのように仕訳を登録しているかによって、可能な予算作成方法が異なるわけです。

　すべてにおいて細かい情報を持っていればよいわけではありませんが、**多角的な角度から集計できる情報**を持っていれば、各所へ予算を作成してもらうにあたり、より使える資料を提供することが可能です。

予算実績比較に使える予算を作成する

　予算実績比較を行う上で重要なことは、予算と実績がかい離した場合に、**その原因を突き止めて説明できるようにしておくこと**、そして**解決策を提示できるようにしておくこと**です。

　そのために経理は、予算管理者が原因分析ができる資料を提供しなければなりません。原因分析ができる資料を提供するためには、予算作成段階で**費用をある程度細分化**しておきましょう。細分化された予算であれば、何によって生じた差異なのか発見しやすくなるからです。

ただあまり細かくし過ぎても管理しにくくなるだけで、予算作成も大変になるので注意が必要です。具体的な説明については後述しますが、予算の中である程度のグラデーションを持たせて、管理がしやすい予算を作成することが大切です。

そのためにきちんと押さえておくべきは、**誰がその予算に対して責任を負うかを明確にしておくこと**です。

管理の視点と責任の所在を明確にする

原価計算には、「**管理可能**」と「**管理不能**」というワードがあります。

ある程度大きな会社になれば、「部」や「課」といった部門をもって組織化され、それぞれが予算管理を行うようになります。「部長」は「部」の、「課長」は「課」の、そして個人に予算が与えられているのであれば、個人が予算を達成するべく管理する必要があり、立場により管理すべき予算は変わります。それぞれがそれぞれの立場で予算を達成することによって、会社として求める数字を達成することができるわけです。

その中で予算の進捗が思うようにいかない場合、何が原因であるかを検証して改善する必要があります。このときに誰が改善するか明確にしておかないと、問題が判明しているけれども何もしないという状態になってしまう可能性があります。

Section 05

予算作成の流れ

Chapter 04 仮説立論スキル ～論理的な経理になる～

予算の作成ステップ

　仮説を立論するのに予算が大事という話をしました。
　予算の作成方法は会社によってさまざまです。企業規模や会社組織がどのようになっているかなどによって大きく異なります。
　ただ予算作成の基本的な考え方はどの会社でも同じです。
　まず全体的な予算作成の流れを理解してもらうために、3月期決算企業の期末のスケジュールを例にして説明していきます（表4-3）。

[①過年度実績と②今期見通し]

　表4-3の①と②は、経営陣が売上予算と利益予算を設定するために必要な資料です。
　①は過去数年の部門ごとの売上と利益、売上高利益率の推移が確認できるものを作成します。
　②はまだ締まっていない数字なので、直近の数字から売上などを予想して作成する必要があります。
　実績数値が予算通りに進捗していれば、予算値をそのまま見通し数値として採用するのがベターです。もし実績が予算とかい離しているようであれば、早い段階で通期見通しを確認する作業が必要になります。確認は予算未達の場合だけでなく、予算よりも大きく数字が上振れする場合にも必要です。

表4-3：3月決算企業の期末のスケジュール例

No.	資料	作業	担当部門	12月中	12月下	1月上	1月中	1月下	2月上	2月中	2月下	3月上	3月中	3月下
①	過年度実績	作成	経理	●										
②	今期見通し	作成	経理	●	●									
③	全体予算	依頼	経理			●								
④	全体予算	作成	経営陣			●	●							
⑤	全体予算	回収	経理				●							
⑥	人員計画	依頼	経理		●									
⑦	人員計画	作成	人事			●	●							
⑧	人員計画	回収	経理				●							
⑨	施設予算	依頼	経理		●									
⑩	施設予算	作成	各部門長			●	●	●						
⑪	施設予算	回収	経理					●						
⑫	固定費予算	作成	経理					●	●					
⑬	部門別予算	依頼	経理						●					
⑭	部門別予算	作成	各部門長						●	●				
⑮	部門別予算	回収	経理							●				
⑯	予算集計	作成	経理								●			
⑰	予算会議	折衝	部門長・経理								●	●		
⑱	予算再集計	作成	経理									●		
⑲	予算会議2	折衝	経営陣・部門長・経理										●	

[③〜⑤**全体予算**]

　今期予想と過去年度業績をあわせて業績推移を作成し、経営層に会社全体予算と部門予算の設定を依頼します。

　昨年の売上が20億、営業利益が1億、今年は売上（見通し）が25億、営業利益（見通し）が1.3億だとします。この推移から来期の売上予算は30億、営業利益予算は1.6億といった右肩上がりの数字にするのが通常です。

　このようにして経営層の来期に対する考えを部門予算で把握することになります。基本的に、この数値になるように各部門と折衝していくことになります。

　ちなみに予算決めする数字は「売上」と「営業利益」ですが、借入が多い場合や資産運用に力を入れている場合、営業外損益を加えた「経常利益」を目標とすることもあります。

[⑥〜⑧**人員計画**]

　人員計画では決定人員と要望人員に分けることができます。

　決定人員は新卒社員のように来期から入社することが決定している人員のことです。それに対して要望人員とは現状人手が不足しているので、人を増やしてほしいという要望が出ているがまだ入社は決定していない人員のことです。

　決定人員はその時点で基本給などが決まっているので、給与試算は簡単に行うことができます。要望人員については、決定人員を配置するのか、中途採用を募集するのか、契約社員を募集するのか、派遣社員を採用するのかなど、社員ごとに人件費の試算の仕方が異なることを理解しておく必要があります。

[⑨〜⑪**施設予算**]

　各部門の来期購入予定の固定資産を把握するとともに、予算外の固定資産購入を管理するためにも施設予算は必要な資料となります。

現状利用している固定資産をベースに買い換え資産がないか確認します。それ以外にも新規購入希望資産がないか合わせて確認します。

その際、購入予定額の裏付けとなる見積書なども付けてもらい、経理で減価償却費を計算します。

[⑫固定費予算]

固定費とは売上の増減に関係なく、毎期一定額発生する費用のことをいいます。

人件費や減価償却費が代表的な固定費ですが、これらについては別途試算するのでそれら以外の固定費を試算します。それ以外の固定費には地代家賃や水道光熱費、通信料などがあたります。

先に説明したように売上に関係なく一定額発生する費用なので、実績値を参考に経理で試算することが可能です。

ただ実績費用を精査していると、この費用まで見込んでおく必要があるのかといったものもあるので、固定費の中でさらに細分化するとよいでしょう。

[⑬～⑮部門別予算]

これまで集めた情報をもとに部門別予算の概算予算を作成し、各部門長に渡して中身を精査してもらいます。精査する際のポイントは節約が可能な費用はないか、力を入れるために増やしたい費用はないかです。

[⑯予算集計]

各部門から集めた予算を集計して会社全体の予算を作ります。

[⑰予算会議]

会社全体予算から予算に達成していない場合、もっと売上を増やすことはできないか、費用の削減はできないかといった折衝を部門単位で行います。

[⑱予算再集計]

予算折衝の中で各部門が見直したあとの数字で再集計します。

各部門が見直しをした数字は他部門との予算折衝において有効な情報なので、集計表上どの部門がどれだけ数字を出したのかが見えるようにしておきましょう。

[⑲予算折衝その2]

経営側の予算と各部積上予算との間のかい離が埋まりきらない場合、経営陣と各部門長、経理全体で予算折衝を行います。

以上が予算作成の流れになります。すべての会社でこの手順を踏む必要はありませんが、予算作成の全体的な流れは、理解しておいて損はないと思います。

Section
06 予算作成の手順

前節で説明した流れに基づいて予算作成の詳細な手順を紹介していきます。説明は、サンプルファイル「**第4章-06_予算試算シート**」を使って行います。

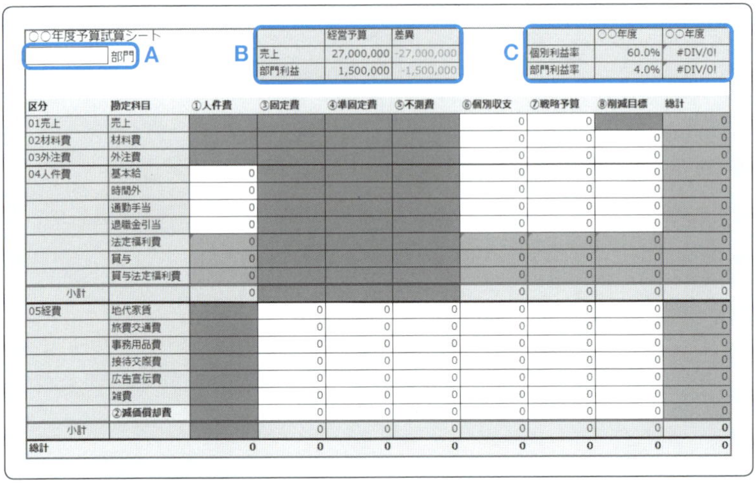

〇〇年度予算試算シート

A: [　　] 部門

B:

	経営予算	差異
売上	27,000,000	-27,000,000
部門利益	1,500,000	-1,500,000

C:

	〇〇年度	〇〇年度
個別利益率	60.0%	#DIV/0!
部門利益率	4.0%	#DIV/0!

区分	勘定科目	①人件費	③固定費	④準固定費	⑤不測費	⑥個別収支	⑦戦略予算	⑧削減目標	総計
01売上	売上					0	0		0
02材料費	材料費					0	0	0	0
03外注費	外注費					0	0	0	0
04人件費	基本給	0				0	0	0	0
	時間外	0				0	0	0	0
	通勤手当	0				0	0	0	0
	退職金引当	0				0	0	0	0
	法定福利費	0				0	0	0	0
	賞与	0				0	0	0	0
	賞与法定福利費	0				0	0	0	0
小計		0				0	0	0	0
05経費	地代家賃		0	0	0	0	0	0	0
	旅費交通費		0	0	0	0	0	0	0
	事務用品費		0	0	0	0	0	0	0
	接待交際費		0	0	0	0	0	0	0
	広告宣伝費		0	0	0	0	0	0	0
	雑費		0	0	0	0	0	0	0
	②減価償却費		0	0	0	0	0	0	0
小計			0	0	0	0	0	0	0
総計		0	0	0	0	0	0	0	0

図4-1：予算試算シート
※説明のために勘定科目を絞っています

項目についての説明

図4-1の各項目について説明します。

A：部門名を選択します

B：経営層が設定した「売上予算」「部門利益予算」と、予算管理者が作成した集計値との差異を見ます

C：実績の「個別利益率」「部門利益率」と、予算の「個別利益率」「部門利益率」を比較します

①人件費 … 人にかかる費用。福利厚生費の中で個人に対して確実に課される費用
②減価償却費 … 期間償却するものについては、固定費に分類せず別途計算する
③固定費 … 毎月・半年・毎年に固定額が発生する費用
④準固定費 … 毎月発生するが月によって金額の変動が激しい費用
⑤不測費 … イレギュラーに発生する費用、講習会費用など施策的に管理が可能な費用
⑥個別収支 … 売上と原価が対応関係にあるもので個別収支を集計
⑦戦略予算 … 新規事業を行う場合などに利用する。もしくは積上予算だけで足りない場合の調整として利用
⑧削減目標 … 全体的なコスト削減目標を設定する場合に利用

最終的に予算管理者がシートに数字を入力して予算を作成しますが、いちから数字を積み上げて予算を組むのは大変なので、**経理でベースとなる数字を用意**します。

①〜⑤までは経理として埋められる部分です。⑥についても過去の実績値を参考値として入力しておきます。したがって、予算管理者が入力するのは⑦と⑧になります。

予算管理者が、いかに予算作成をしやすくできるかが、経理としての手腕が問われるところです。そのために①〜⑥の項目をどのようにして入力していけばよいのか詳しく見ていきましょう。

人件費を作成する

人件費はあらかじめ収集した人員計画に基づいて試算します（図4-2）。

基本給は収集した人員計画の数字を使います。ただし、昇給昇格がまだ決まっていない場合、過去の実績から昇給率を算出して見積もります。

時間外は過去実績から対固定給に対して何％発生しているかで見積りをします。

区分	勘定科目	①人件費
04人件費	基本給	5,000,000
	時間外	500,000
	通勤手当	200,000
	退職金引当	100,000
	法定福利費	855,000
	賞与	1,665,000
	賞与法定福利費	249,750
小計		8,569,750

図4-2：人件費の作成

　通勤手当は前期と同額で見ます。
　退職金引当は退職給付計算に基づいて見積もります。
　法定福利費は「基本給＋時間外＋通勤手当」×15％で見積もります。
　賞与は基本給の2カ月の場合は、基本給×33.3％で見積もります。
　賞与法定福利費は賞与×15％で見積もります。
　なお、今回の説明では省きましたが、上記以外にも「諸手当」「健康診断料」「退職給付用の保険費用」なども考えられます。
　また人員計画では正社員だけでなく、契約社員や派遣社員など雇用形態によって見積方法は異なります。契約社員は退職金や賞与は見積りの対象外にする、派遣社員であれば時給と単価から見積もるなど変える必要があります。

追記：15％は各社会保険の料率の合計を丸めた値です。社会保険料率は毎年のように変わりますし、介護保険の対象かどうかで変わるので、今回は説明を簡単にするために15％としています。

施設予算（減価償却費）を作成する

　事前に収集した施設予算をもって計算した減価償却費を入力します（図4-3）。

区分	勘定科目	①人件費	③固定費
	②減価償却費		1,000,000
小計			1,000,000

図4-3：施設予算（減価償却費）の作成

現在利用中の固定資産を償却満了時期に基づいて次の4つに分類します。

①償却満了済
現状は減価償却費が発生していないので、買い換えを行う場合、減価償却費が純増します。

②今期償却満了
今期すでに買い換えをしている場合は、買い換え後の減価償却費が計算されています。これから買い換えをする場合は、新しく購入する金額をもって減価償却費を計算する必要があります。

③来期償却満了
来期中に新しい資産に買い換える可能性があるので、減価償却費の金額が途中で変わります。

④来期以降償却満了
現在の償却金額をそのまま使います。注意が必要なのは除却をする場合です。除却をする場合、期首帳簿価額が全額費用となるので、除却予定がないかを確認する必要があります。

追記：このようにして固定資産を確認して、減価償却費がどれくらいになるのかを計算します。

経費（減価償却費以外）を作成する

経費は、過去1年間の実績データから見積もります（図4-4）。

予算作成を1月に始める場合、直近12カ月（昨年度1月～今年度12月）の実績データを使います。月によって経費発生にバラつきがあるので、1年間の実績を参考にします。

区分	勘定科目	①人件費	③固定費	④準固定費	⑤不測費
05経費	地代家賃		1,200,000	0	0
	旅費交通費		1,000,000	0	0
	事務用品費		800,000	0	100,000
	接待交際費		0	700,000	0
	広告宣伝費		0	300,000	0
	雑費		0	0	300,000
	②減価償却費		1,000,000	0	0
小計			4,000,000	1,000,000	400,000

図4-4：経費（減価償却費以外）の作成

経費を次の3つに分類します。

③固定費
④準固定費
⑤不測費

なぜ3つに分けるのかというと、予算数値を作りやすくするためです。

発生する原価を勘定科目ごとで「固定費」と「変動費」に分類する「固変分解」という考え方があります。「固定費」とは、売上の増減にかかわらず一定に発生する費用、「変動費」とは、売上に比例して増減する費用のことです（「固変分解」の分類は中小企業庁の「中小企業の原価指標」が参考になります）。

しかし、実際に「固変分解」しようとしても、勘定科目ごとでは分解しきれないものも多いです。そこで、「固定費」に「準固定費」や「不測費」といった分類を設けて、予算の作成に柔軟性を持たせるようにします。

イメージとして、左から右に行くほど削減の検討がしやすい費用ととらえてください。

これらの分類は、第2章で説明したやり方で勘定科目や補助科目の設定をしておくと容易に行うことができます。

[③固定費]

　経費には家賃や水道光熱費、通信料のように、毎月ほぼ一定額発生する費用があります。契約に基づいて発生する経費は、「固定費」として見るのがよいでしょう。

　これらの費用は1年前と金額が変わっている場合もあるので、直近の数字を使って年間の金額を試算して行うのがよいでしょう。

　毎月固定で発生する費用の他に、協会費や年払いの保険料のように半年や年に1回発生するものあります。

　月割り計上を行っている場合はよいですが、毎年固定払いのため作業を簡素化する目的から支払いを一括計上している場合は、直近12カ月の仕訳を精査して漏れがないようにチェックします。

　また、車両にかかる車検費用は2年に一度必要となるので、忘れないように注意が必要です。

　これらの費用は削減しにくい費用ではありますが、契約などを見直すことによって、将来にわたって削減が期待できる費用です。

[④準固定費]

　「旅費交通費」や「接待交際費」は、「中小企業の原価指標」では「固定費」に分類されます。「旅費交通費」には電車賃やタクシー代などいろいろな費用があります。「接待交際費」は顧客との飲食だけでなく、社内飲食も含まれます。

　これらは意識して削減が可能な費用と考えることもできるので、「固定費」よりも削減目標の優先が高いと考え、「準固定費」にします。

　このように毎月発生するが、時期により金額の増減が激しい費用については、1カ月間だけの費用を見るのではなく年間発生額で見積もります。

　補足しておかなければならないのが、簿記での「準固定費」とは違う意味で使っているということです。簿記での「準固定費」は、一定の操業度までは固定した費用で、一定の操業を超えると増加するような費用をいいます。

　ここでは説明する相手が予算管理者になるので、イメージしやすい名

称として準固定費という名称で説明しています。

[⑤**不測費**]

　イレギュラー的に発生した費用を不測費として分類します。

　基本的にここで分類する費用は発生しないほうがよい費用と考え、削減すべき費用として扱います。

　このように費用を細分化して経費予算を作成していきます。細分化することによって優先的に削減すべき費用が見えやすくなります。

　固定費のベースとなる金額を提供しますが、最終的に削減するかどうかを決定するのはその部門責任者です。

　そのためにそれぞれの項目の金額について、どのような内訳になっているのかを理解してもらう必要があります。検討する立場の人が作成しやすいものを提供することが大切です。

個別収支を埋める

　過去実績から⑥個別収支を参考値として入力します（図4-5）。

　原価部分については、小売業であれば仕入原価、製造業であれば製造原価、人材派遣業であれば人件費など、業種業態によって入力箇所は変わります。

区分	勘定科目	⑥個別収支
01売上	売上	25,500,000
02材料費	材料費	3,000,000
03外注費	外注費	7,000,000
04人件費	基本給	800,000
	時間外	0
	通勤手当	0
	退職金引当	0
	法定福利費	120,000
	賞与	266,400
	賞与法定福利費	39,960
小計		1,226,360
05経費	地代家賃	0
	旅費交通費	100,000
	事務用品費	40,000
	接待交際費	50,000
	広告宣伝費	0
	雑費	60,000
	⑦減価償却費	0
小計		250,000
総計		14,023,640

図4-5：個別収支の入力

予算作成依頼

ここまでの説明をもとに、図4-1のシートの①〜⑥までを経理が埋めました。その結果が図4-6になります。

区分	勘定科目	①人件費	②固定費	④準固定費	⑤不測費	⑥個別収支	⑦戦略予算	⑧削減目標	総計
01売上	売上					25,500,000	0		25,500,000
02材料費	材料費					3,000,000		0	3,000,000
03外注費	外注費					7,000,000		0	7,000,000
04人件費	基本給	5,000,000				800,000		0	5,800,000
	時間外	500,000				0			500,000
	通勤手当	200,000				0			200,000
	退職金引当	100,000				0			100,000
	法定福利費	855,000				120,000	0	0	975,000
	賞与	1,665,000				266,400		0	1,931,400
	賞与法定福利費	249,750				39,960	0	0	289,710
	小計	8,569,750				1,226,360		0	9,796,110
05経費	地代家賃		1,200,000	0	0	0		0	1,200,000
	旅費交通費		1,000,000	0	0	100,000		0	1,100,000
	事務用品費		800,000	0	100,000	40,000		0	940,000
	接待交際費		0	700,000	0	50,000		0	750,000
	広告宣伝費		0	300,000	0	0		0	300,000
	雑費		0	0	300,000	60,000		0	360,000
	②減価償却費		1,000,000	0	0	0		0	1,000,000
	小計		4,000,000	1,000,000	400,000	250,000	0	0	5,650,000
総計		8,569,750	4,000,000	1,000,000	400,000	14,023,640	0	0	53,890

経営予算 売上 27,000,000 / 差異 -1,500,000 / 個別利益率 2016年度 60.0% 2017年度 55.0%
部門利益 1,500,000 / -1,446,110 / 部門利益率 4.0% 0.2%

図4-6:予算試算シート（①〜⑥まで入力）

残りの⑦・⑧は、各部門に埋めてもらいます。

また、経理が埋めた①〜⑥について見直したいときには、各部門の担当者に変更してもらいます。

すでに入っている金額を変更する場合、たとえば1,000,000を1,100,000に増やすときには、「1,100,000」と入力するのではなく、元に入っている数字「1,000,000」に「+100,000」を数式上で加算します。数式で入力する理由は、元の数字からいくら変えたのかをわかるようにするためです。

［ 戦略予算を作成する ］

前に述べたように、予算において経営層が求める数値と現場が実現できると思う数値には開きがあります。現場が見積もる数字は、現在行っている業務の延長上にあるものを積み上げて作る場合が多いからです。

そこで、戦略予算の欄を利用して予算管理者は経営層の数字に近付け

ます（図4-7）。

　戦略予算は新規事業などを行う際に使用する欄ですが、開拓しないと予算達成しない数値を可視化するためにも使います。

区分	勘定科目	⑦戦略予算
01売上	売上	1,600,000
02材料費	材料費	100,000
03外注費	外注費	500,000
04人件費	基本給	0
	時間外	0
	通勤手当	0
	退職金引当	0
	法定福利費	0
	賞与	0
	賞与法定福利費	0
小計		0
05経費	地代家賃	0
	旅費交通費	0
	事務用品費	0
	接待交際費	0
	広告宣伝費	0
	雑費	0
	②減価償却費	0
小計		0
総計		1,000,000

図4-7：戦略予算の作成

[**削減目標**]

　削減目標は、予算を達成するために経費の削減が必要な場合に使います（図4-8）。たとえば、時間外を20％減らすという目標を立てて経費を削減する方法もあります。どの費用からいくら削減努力をするかという目標を具体的に見える形にすることが重要です。

区分	勘定科目	⑧削減目標
01売上	売上	
02材料費	材料費	100,000
03外注費	外注費	150,000
04人件費	基本給	0
	時間外	100,000
	通勤手当	0
	退職金引当	0
	法定福利費	15,000
	賞与	0
	賞与法定福利費	0
	小計	115,000
05経費	地代家賃	0
	旅費交通費	0
	事務用品費	100,000
	接待交際費	150,000
	広告宣伝費	0
	雑費	0
	②減価償却費	0
	小計	250,000
総計		615,000

図4-8:削減目標の入力

このようにして部門ごとの予算を作成してもらった結果が図4-9になります。

○○年度予算試算シート　工事　部門

	経営予算	差異		2016年度	2017年度
売上	27,000,000	100,000	個別利益率	60.0%	56.4%
部門利益	1,500,000	168,890	部門利益率	4.0%	6.2%

区分	勘定科目	①人件費	②固定費	④準固定費	⑤不測費	⑥個別収支	⑦戦略予算	⑧削減目標	総計
01売上	売上					25,500,000	1,600,000		27,100,000
02材料費	材料費					3,000,000		100,000	3,000,000
03外注費	外注費					7,000,000	500,000	150,000	7,350,000
04人件費	基本給	5,000,000				800,000	0	0	5,800,000
	時間外	500,000				0	0	100,000	400,000
	通勤手当	200,000				0	0	0	200,000
	退職金引当	100,000				0	0	0	100,000
	法定福利費	855,000				120,000	0	15,000	960,000
	賞与	1,665,000				266,400	0	0	1,931,400
	賞与法定福利費	249,750				39,960	0	0	289,710
	小計	8,569,750				1,226,360	0	115,000	9,681,110
05経費	地代家賃		1,200,000	0	0	0	0	0	1,200,000
	旅費交通費		1,000,000	0	0	100,000	0	0	1,100,000
	事務用品費		800,000	0	100,000	40,000	0	100,000	840,000
	接待交際費		0	700,000	0	50,000	0	150,000	600,000
	広告宣伝費		0	300,000	0	0	0	0	300,000
	雑費		0	300,000	0	60,000	0	0	360,000
	②減価償却費		1,000,000	0	0	0	0	0	1,000,000
	小計		4,000,000	1,300,000	100,000	250,000	0	250,000	5,400,000
総計		8,569,750	4,000,000	1,300,000	100,000	14,023,640	1,000,000	615,000	1,668,890

図4-9:予算試算シート(入力済み)

全部門の予算を1つのシートにまとめる

すべての部門からの予算を集めて会社全体の予算を作ります。

経営層が最初に提示したとおりの予算になればよいですが、現実は理想通りの数字にはならないことが大半です。そのために各部門に作成してもらった予算案をもとに予算折衝を行って両者の差異を埋めていくのです。

予算折衝の方法は一概にこのようにやるといった方法があるわけではありません。ただ交渉材料として、前期実績と他部門予算が使える材料となります。前期に比べて売上や利益が微増の場合、「なぜ前期と比較して売上がこれだけしか増えないのか」、また他部門に比べて利益率が悪い場合には、「なぜ利益率が悪いのか」などを聞き出すことで、その数字が保守的な理由での数字なのか、大口の取引先との契約が終わるためといった具体的な理由で数字が悪いのかを探ります。

そのようにして経営層が求める数字と現場の数字の差異を近付けるのが経理の役割です。

図4-10：会社全体の予算

Chapter 05

情報分析スキル
〜経理に必要な分析の視点とは〜

分析の基本は、「掘り下げる」「比較する」「別の角度から見る」です。
また、これらを組み合わせることにより、
さまざまな分析を行うことが可能です。
そこで利用したいのがExcelのピボットテーブル機能です。
必要な情報を持っているデータが用意できれば、
簡単にさまざまな分析資料を作成することが可能です。
本章では、どのような考え方に基づいて分析を行うのか、
そのために必要なデータはどのように作成するのかについて
紹介します。

Section 01 「分析」とは何か？

そもそも「分析」とはどのような意味なのでしょうか。『大辞林 第三版』（三省堂）によると、「分析」とは「ある事柄の内容・性質などを明らかにするため、細かな要素に分けていくこと」と定義されています。つまり、**情報を分けること**が分析なのです。

3つの基本的な分析手法

ここで簡単な決算書の損益計算書を用意しました（表5-1）。

表5-1：簡易な損益計算書の例

売上高	10,000
売上原価	7,000
売上総利益	3,000
販売費及び一般管理費	2,000
営業利益	1,000

表5-1から読み取ることができる情報には、どのようなものがあるでしょうか？

表に書かれている情報以外でとなると、「売上総利益」を「売上高」で割って「売上総利益率」を、また「営業利益」を「売上高」で割って「営業利益率」を求めることができます。

しかし、これ以上のことはこの損益計算書から読み取ることはできません。

会社の数字といえば「決算書」が代表的な書類ですが、誤解を恐れずにいうと決算書は経営には役に立ちません。なぜなら、決算書は情報を集約し過ぎているため、ざっくりとした内容しかわからない資料だからです。

そこで集約されている情報を分けることで、この損益計算書では見えてこなかった情報が見えてくるようにします。

分析の主な手法は、「**掘り下げる**」「**比較する**」「**別の角度から見る**」の3つです。先ほどの損益計算書について、それぞれの手法で分析してみましょう。

[**掘り下げる**]

「売上原価」や「販売費及び一般管理費」を分解すると、詳細な内訳がわかる損益計算書になります。たとえば、表5-2のようになります。

表5-2：詳細な内訳がわかる損益計算書

項　目	金　額	
売上高		10,000
売上原価		7,000
材料費	1,400	
労務費	3,000	
経費	2,600	
売上総利益		3,000
販売費及び一般管理費		2,000
給与	1,200	
地代家賃	500	
旅費交通費	200	
交際費	100	
営業利益		1,000

[**比較する**]

期間を軸に分解すると期間推移比較を見ることができる損益計算書に

なります。たとえば、表5-3のようになります。

表5-3：期間推移比較を見ることができる損益計算書

項　目	Q1	Q2	Q3	Q4	合　計
売上高	2,000	2,500	2,500	3,000	10,000
売上原価	1,400	1,750	1,750	2,100	7,000
売上総利益	600	750	750	900	3,000
販売費及び一般管理費	500	500	500	500	2,000
営業利益	100	250	250	400	1,000

[別の角度から見る]

部門を軸にして分解すると部門ごとの損益計算書を見ることができます。たとえば、表5-4のようになります。

表5-4：部門ごとの損益計算書

項　目	A部門	B部門	C部門	D部門	合　計
売上高	2,500	2,000	2,600	2,900	10,000
売上原価	1,800	1,500	1,800	1,900	7,000
売上総利益	700	500	800	1,000	3,000
販売費及び一般管理費	500	400	500	600	2,000
営業利益	200	100	300	400	1,000

それぞれの目的に合わせて利用するので、この分析方法が一番よいということはありません。加えて、これらは組み合わせることによって、さらに深い分析をすることが可能になります。

次節からピボットテーブルについて紹介します。ピボットテーブルを利用すれば、「掘り下げる」「比較する」「別の角度から見る」を簡単に行うことができます。

Section 02 ピボットテーブルとは

Chapter 05 情報分析スキル ～経理に必要な分析の視点とは～

簡単な操作でさまざまな集計ができる

　私は会社で作成する資料のほとんどをExcelで作成しています。社内の会計システムでもさまざまな集計資料の作成はできるのですが、用意されている機能で作成できる資料では、経営者や部門長が欲しいと思っている資料が作成できない、もしくはこちらが提供したいと思う情報が提供できない、というのが普段仕事をしていて思うところです。

　そのため、会計システムからデータを出力してExcelで資料を作成しています。中でも多く利用しているExcelの機能が**ピボットテーブル**です。

　ピボットテーブルとは、複雑な操作をすることなく数千行のデータについてさまざまな集計ができるExcelの機能です。この機能だけで1冊の書籍になるほどですから、難しいのではと思われている方もいるかもしれませんが、非常に簡単な操作で使えるわかりやすい機能です。

　経理として求められる資料は多様です。そのため、その都度資料を一から作成するのでは手間がかかるばかりです。

　けれども、ピボットテーブルを利用すれば、1つのデータから多くの資料を作成することが可能です。

　ピボットテーブルの素晴らしさについては後述するとして、このような運用をしている一例を紹介しましょう。

［ ピボットテーブル活用の一例 ］

　私は、毎月プロジェクト収支表を作成しています。しかし、月次会議では、「会社全体の収支表」「部門ごとの収支表」といったもっと集計単位が大きい資料を配布しています。

　このような資料を配布しているのは、プロジェクト収支表を配布すると

なると単純に枚数が多くなってしまうためと、会議時間が限られているため、各部門の各プロジェクト単位での収支についてその場で議論しないからです。

しかし、各部門長にとっては自部門の業績がどうなっているのかを知るためにはプロジェクト収支表は必要な情報です。そのため、プロジェクト収支表は指定したフォルダにExcelの状態で置いておき、誰でも確認できる運用にしています。

「会社全体」「部門別」「プロジェクト別」それぞれの集計資料を作成するのは手間ですが、ピボットテーブルを使えば、1つのデータからそれぞれの資料を手間なく作成できます。

会計システムから出力した伝票データを少し加工したものが図5-1です。この資料にピボットテーブルを使えば、図5-2のような集計表があっという間に作成できます。

	A	B	C	D	E	F	G
1	期間	勘定科目コード	勘定科目	金額	プロジェクトコード	プロジェクトコード名	制度会計分類
2	Q1	1001	売上	7000000	A001-01	A001本体工事	01売上
3	Q1	1001	売上	300000	A001-02	A001追加工事1	01売上
4	Q1	1001	売上	200000	A001-03	A001追加工事2	01売上
5	Q2	1001	売上	4700000	A002-01	A002本体工事	01売上
6	Q2	1001	売上	400000	A002-02	A002追加工事1	01売上
7	Q3	1001	売上	3500000	A003-01	A003本体工事	01売上
8	Q4	1001	売上	3000000	A004-01	A004本体工事	01売上
9	Q4	1001	売上	7500000	A005-01	A005本体工事	01売上
10	Q1	1001	売上	3350000	B001-01	B001派遣	01売上
11	Q2	1001	売上	3250000	B001-02	B001派遣	01売上
12	Q3	1001	売上	3250000	B001-03	B001派遣	01売上
13	Q4	1001	売上	3450000	B001-04	B001派遣	01売上

図5-1：会計システムから出力した伝票データ

合計 / 金額	列ラベル				
行ラベル	Q1	Q2	Q3	Q4	総計
01売上	28,700,000	26,100,000	25,400,000	33,700,000	113,900,000
02売上原価	-27,097,000	-25,398,000	-24,412,000	-31,789,000	-108,696,000
03販管費	-827,000	-750,000	-722,000	-965,000	-3,264,000
総計	**776,000**	**-48,000**	**266,000**	**946,000**	**1,940,000**

図5-2：ピボットテーブルから作成した集計表

ピボットテーブルの作成方法

ここからは、ピボットテーブルの作成方法について説明します。

ここからは、サンプルファイルの「**第5章-02_ピボットテーブルの説明**」を参照しながら読んでいくと理解しやすいと思います。まず、図5-1（シート「**伝票**」）のデータ内のいずれかのセルを選択した状態で、［挿入］タブの［テーブル］をクリックします。

次に、テーブルに変換するデータ範囲を指定します（自動的に範囲が設定されます）。すると、テーブルに変換され、デザインが変わりました。テーブル名が「テーブル1」になっているのがわかります（ピボットテーブルの作成はデータをテーブルに変換しなくても可能ですが、これからの説明で伝票データにデータを追加するためテーブル化します）。

続いて、図5-1（シート「**伝票**」）のデータ内のいずれかのセルを選択した状態で、［挿入］タブの［ピボットテーブル］をクリックします。

すると、［ピボットテーブルの作成］のダイアログボックスが表示されます。［テーブル/範囲］には自動的にデータが範囲指定されるので、［OK］をクリックするとピボットテーブルが作成されます。

フィールドセレクションから項目名をドラッグして、行ラベルボックスに「制度会計分類」、列ラベルボックスに「期間」、値ボックスに「金額」と各ボックスにドロップします。

図5-2（シート「**期間推移集計表**」）のピボットテーブルが完成しました。

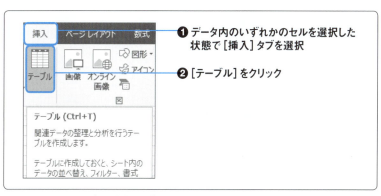

図5-3：ピボットテーブルを作成する①

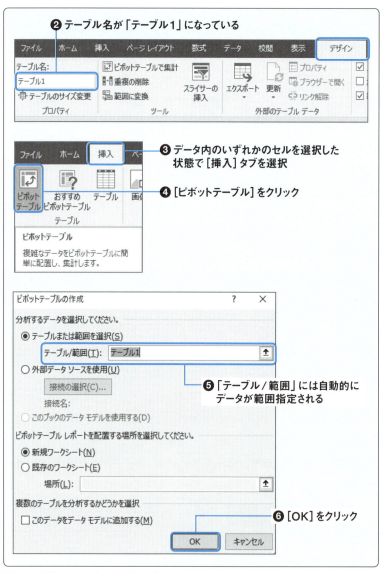

図5-4：ピボットテーブルを作成する②

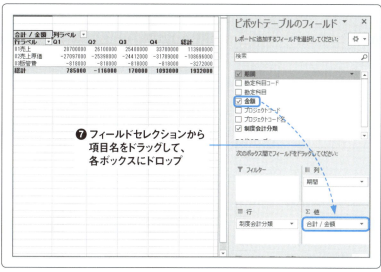

図5-5：ピボットテーブルを作成する③

なお、ピボットテーブルのそれぞれの名称は次のとおりです（図5-6）。

A：ピボットテーブル表示エリア

　　レイアウトセレクションに設定されたフィールド値が表示されるエリア

B：フィールドセレクション

　　ピボットテーブルの参照しているデータのフィールド行見出しがリスト表示されるエリア

C：レイアウトセレクション

　　4つのボックスを表示しているエリア

D：レポートフィルターボックス

　　データを絞り込んで表示させたいフィールドを設定する

E：列ラベルボックス

　　列ラベルに表示させたいフィールドを設定する

F：行ラベルボックス

　　行ラベルに表示させたいフィールドを設定する

G：値ボックス

　　合計値やデータ数などを集計して表示させたいフィールドを設定する

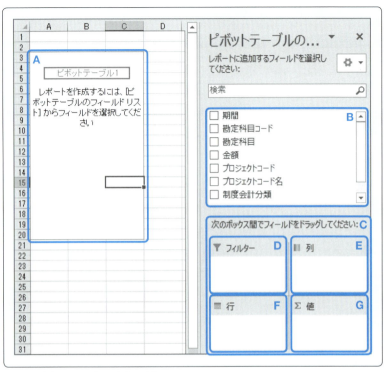

図5-6：ピボットテーブルの各部の名称

　ピボットテーブルを作成する際には、数字を見やすくするために金額を桁数区切りにしましょう（図5-7）。

　集計表の中の「金額」を選択した状態で［アプリケーション］キーもしくは Shift + F10 でコンテキストメニューを開き、［値フィールドの設定］→［表示形式］→［分類］で［数値］を選択し、［桁区切り(,)を使用する］にチェックを入れます。

　これで金額が桁数区切りになりました。

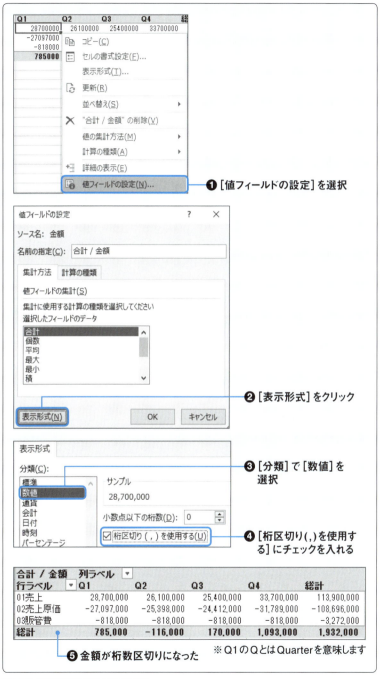

図5-7：金額を桁数区切りにする方法

ピボットテーブルの操作としてはこれだけです。拍子抜けするくらい簡単と思っていただけたのではないでしょうか。
　ピボットテーブルのよさは直感的に操作できることです。しかし、ピボットテーブルは奥深く他にもさまざまな機能があるので、次からはその他の機能も取り上げつつ利用方法を紹介していきたいと思います。

ピボットテーブルを作成するためのデータのルール

　ピボットテーブルを作成する上で重要なのは、元となるデータがルールに従って作成されているかどうかです。ルールに従っていないデータからではピボットテーブルは作成できません。
　次に挙げるデータのルールを知っておきましょう。

- 先頭行を1行、列見出しとして設定する
- 列見出しに2回以上同じ名称を使用しない
- 列見出しは必ず設定する（空白だとエラーになる）
- 列には同じ形式のデータを入力する（日付であれば日付のみ、数値であれば数値のみ）
- 1列には1列分のデータを入力する
- 1行には1件分のデータを入力する

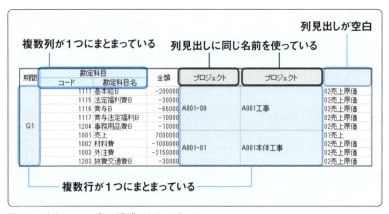

図5-8：ピボットテーブルが作成できないデータ

Section 03 ピボットテーブルを利用した管理会計資料の作成

Chapter 05 情報分析スキル 〜経理に必要な分析の視点とは〜

　ピボットテーブルについてどのようなものか理解していただけたと思います。

　ここからは第2章で説明した原価計算基準を参考に、どのように分析が可能なのかをピボットテーブル機能を利用しながら紹介します。

　「工事部門」「コールセンター部門」「人材派遣部門」「商品販売部門」の4つの部門がある会社で、それぞれの業態に適した集計をするという形で分析資料を作成していきます。

部門別損益計算書を作成する

　ここからはサンプルファイルを使い、各種管理会計資料を作成していきます。「**第5章03_管理会計資料の作成**」を操作しながら読み進めてください。また、各種資料作成済みの「**第5章03_管理会計資料の作成-作成済**」も用意しているので確認に利用してください。

　部門別損益計算書を作成する手順は、次のとおりです。

　ここの説明ではVLOOKUP関数を利用してデータを追加していきます。データの追加の説明はすべてシート「**伝票**」を対象としています。VLOOKUP関数については、第7章Section08で詳しく解説しています。

①項目名を入力する

　セルH2に「部門」と入力します。

②検索値を設定する

　セルH1に「=VLOOKUP(」と入力して、「E2」を選択し、「,（カンマ）」で区切りを入れます。すると、「VLOOKUP(」以降に[@プロジェクトコード]と入力されます（図5-9）。

図5-9:検索値の設定

③範囲を設定する

シート「**PJマスタ**」に移動し、セル「A2」から「G33」までを選択します(図5-10)。

図5-10:範囲の設定

④範囲を絶対参照にする

F4で範囲を絶対参照にし、「,(カンマ)」で区切りを入れます(図5-11)。

図5-11:範囲を絶対参照にする

⑤列番号を設定する

部門の値を返すための指定した範囲の1列目から数えて3列目を指定するため、「3」を入力し、「,(カンマ)」で区切りを入れます(図5-12)。

図5-12：列番号の設定

⑥検索方法を設定する

完全に一致する値だけ検索するため［FALSE－完全一致］を選択して[Enter]で式を閉じます（図5-13）。

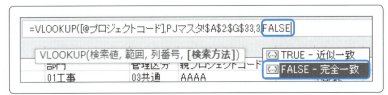

図5-13：［FALSE－完全一致］を選択

自動的にすべての行に同じ関数が反映されます（図5-14）。

図5-14：すべての行に同じ関数が反映された

⑦フィールドリストを更新する

作成済みのピボットテーブルがあるシートに移動します。フィールドリストにはまだ「部門」が表示されていません。

なお、フィールドリストが表示されていない場合は、［アプリケーション］キーもしくは[Shift]＋[F10]でコンテキストメニューを表示し、［フィールドリストを表示する］を選択します。

［アプリケーション］キーもしくは[Shift]+[F10]でコンテキストメニューを表示し、［更新］を選択します。

フィールドリストに「部門」が追加されたのがわかります（図5-15）。

図5-15：フィールドリストに「部門」が追加された

⑧部門集計を行う

列ラベルボックスに表示されている「期間」をはずし、「部門」を追加します（図5-16）。

図5-16：「部門」を追加する

[グループ化]

グループ化機能を使えば、元データにない単位で集計値を見ることができます。これを利用して「売上総利益」を表示させてみましょう。

「01売上」と「02売上原価」を一括選択し、［アプリケーション］キーもしくは[Shift]+[F10]でコンテキストメニューを開き、［グループ化］を選択します。ピボットテーブル表示エリア上に、「グループ1」という名前の行ラベルが増え、行ラベルボックスに「制度会計分類2」の項目が増えます（図5-17）。

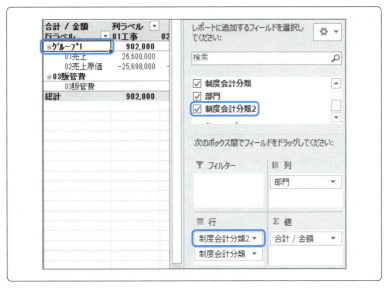

図5-17：行ラベルと項目が増えた

　ピボットテーブル表示エリア上での表記「グループ1」は直接編集して「売上総利益」に変更します。行ラベルボックスの表示は［分析］タブの［アクティブなフィールド］で表記を変更します（図5-18）。

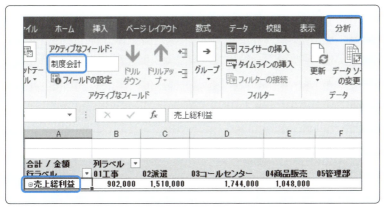

図5-18：表記を変更する

「フィールドセレクション」と「行ラベルボックス」両方の表記が変わりました（図5-19）。

図5-19：両方の表記が変わった

グループ解除すれば、「フィールドセレクション」と「行ラベルボックス」から消えます。

[レイアウトの変更]

小計の位置を下に移動させてみます。

［アプリケーション］キーもしくは Shift + F10 →［フィールドの設定］→［レイアウトと印刷タブ移動］→［小計を各グループの先頭に表示する］でチェックをはずします。

小計が下に表示されます（図5-20）。

図5-20：小計が下に表示される

形態別分類による集計表を作成する

　通常の損益計算書では売上原価や販売管理費の内訳は勘定科目になります。しかし、勘定科目では細か過ぎますし、費用の性質がいろいろと混ざり合っているため、掘り下げて分析するには使いづらいです。

　そこで原価計算基準での形態別分類の考え方を利用して、会計知識がなくても理解しやすい集計表を作成することが可能です。

「財務会計における費用の発生を基礎とする分類、すなわち原価発生の形態による分類であり、原価要素は、この分類基準によってこれを材料費、労務費および経費に属する各費目に分類する」（出典：原価計算基準）

　形態別分類では、「勘定科目を元に材料費、労務費および経費の3つに分類する」と定義していますが、業種に合わせて分類をより細かく設定してみます。

　「部門」を追加した方法で、「VLOOKUP関数」を使ってI列に「形態別分類」を追加してみましょう。今回参照するシートは、「**勘定科目マスタ**」です。

　セルI2の関数は、「=VLOOKUP（[@勘定科目コード],勘定科目マスタ!$A$2:$E$36,4,FALSE)」となります。

　行ラベルボックスに表示されている「制度会計」をはずし、「制度会計分類」の下に「形態別分類」を追加します。

　より詳細な分類での部門別集計表が作成されました（図5-21）。

合計 / 金額	列ラベル					
行ラベル	01工事	02派遣	03コールセンター	04商品販売	05管理部	総計
⊟01売上						
01売上	26,600,000	31,000,000	26,000,000	30,300,000		113,900,000
01売上 集計	26,600,000	31,000,000	26,000,000	30,300,000		113,900,000
⊟02売上原価						
02材料費	-3,000,000			-15,700,000		-18,700,000
03外注費	-7,350,000					-7,350,000
04人件費(契)-原価		-24,378,000	-12,880,000			-37,258,000
05人件費-原価	-9,798,000	-2,700,000	-8,652,000	-8,652,000		-29,802,000
06経費	-5,550,000	-2,412,000	-2,724,000	-4,900,000		-15,586,000
02売上原価 集計	-25,698,000	-29,490,000	-24,256,000	-29,252,000		-108,696,000
⊟03販管費						
07人件費-販管					-1,908,000	-1,908,000
08経費-販管					-1,364,000	-1,364,000
03販管費 集計					-3,272,000	-3,272,000
総計	902,000	1,510,000	1,744,000	1,048,000	-3,272,000	1,932,000

図5-21：より詳細な分類での部門別集計表が作成された

図5-21の部門別集計表が、どのような形態で分類しているのかを説明すると、次のようになります。

---

02 材料費…工事部門では工事に使用する部材、物品販売部門で販売する物品

03 外注費…外部へ業務を委託したものの費用

04 人件費（契）…売上原価や製造原価に含まれる契約社員・パート等の人件費

05 人件費-原価…売上原価や製造原価に含まれる正社員の人件費

06 経費…売上原価や製造原価に含まれる賃借料や旅費・交通費・交際費等

07 人件費-販管…販売費に含まれる正社員・契約社員・パート等の人件費

08 経費-販管…販売費に含まれる賃借料や旅費・交通費・交際費等

変動損益計算書を作成する

　原価計算基準の中の費目別計算に原価を「**変動費**」と「**固定費**」にする分類があります。「変動費」とは売上に対応して増減する原価、「固定費」とは売上の増減にかかわらず発生する原価です。この分類を元に「損益計

算書」を組み替えて集計したものが「**変動損益計算書**」です。

「変動損益計算書」では、売上高から「**変動費**」を差し引いたものが「**限界利益**」、「**固定費**」を差し引いたものが「**営業利益**」もしくは「**経常利益**」となります。

経営分析では、この「変動損益計算書」がよく利用されます。では、「変動損益計算書」を理解するのに必要な「損益分岐点」について説明しておきましょう。

「**損益分岐点**」とは、黒字になるか赤字になるのかの分岐点を意味します。つまり、売上高と費用が均衡し利益がゼロになる点のことです。赤字にならないように損益分岐点となる売上高を押さえておくことはとても重要です。

損益分岐点を押さえておくと、「赤字を黒字にするには、どれだけ売上を増やせばよいのか」「いくらまで値下げをしても採算割れをしないか」などがわかります。

図にすると図5-22のように表現されます。

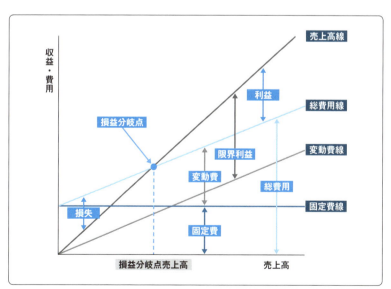

図5-22：損益分岐点のイメージ図

費用を「変動費」と「固定費」に分類することを「**固変分解**」といいます。「固変分解」の方法には主に「**勘定科目法**」と「**最小二乗法**」があります。

「勘定科目法」は勘定科目を個別に精査して分類する方法、「最小二乗法」は過去の実績データを使って売上と費用の相関関係から分類する方法です。ここでは、「勘定科目法」で説明していきます。

どの勘定科目が「変動費」「固定費」にあたるのかは、中小企業庁のHPにある「費用分解基準」(http://www.chusho.meti.go.jp/bcp/contents/level_a/bcpgl_05c_4_3.html) を参考にするのがよいでしょう。

それでは、変動損益計算書を作成する手順を見ていきましょう。

まずは、「VLOOKUP関数」を使ってJ列に「固変分解」情報を追加します。今回参照するシートは、「**勘定科目マスタ**」です。セルJ2の関数は「=VLOOKUP ([@勘定科目コード],勘定科目マスタ!$A$2:$E$36,5,FALSE)」となります。

次に、行ラベルボックスの「制度会計分類」をはずし、「形態別分類」の上に「固変分解」を追加します。

すると、部門別変動損益計算書が作成されました (図5-23)。

合計 / 金額	列ラベル					
行ラベル	01工事	02派遣	03コールセンター	04商品販売	05管理部	総計
⊟01変動費	**15,750,000**	**29,802,000**	**24,500,000**	**14,100,000**	**-200,000**	**83,952,000**
01売上	26,600,000	31,000,000	26,000,000	30,300,000		113,900,000
02材料費	-3,000,000			-15,700,000		-18,700,000
03外注費	-7,350,000					-7,350,000
04人件費(契)-原価		-998,000	-1,000,000			-1,998,000
05人件費-原価	-500,000	-200,000	-500,000	-500,000		-1,700,000
07人件費-販管					-200,000	-200,000
⊟02固定費	**-14,848,000**	**-28,292,000**	**-22,756,000**	**-13,052,000**	**-3,072,000**	**-82,020,000**
04人件費(契)-原価		-23,380,000	-11,880,000			-35,260,000
05人件費-原価	-9,298,000	-2,500,000	-8,152,000	-8,152,000		-28,102,000
06経費	-5,550,000	-2,412,000	-2,724,000	-4,900,000		-15,586,000
07人件費-販管					-1,708,000	-1,708,000
08経費-販管					-1,364,000	-1,364,000
総計	**902,000**	**1,510,000**	**1,744,000**	**1,048,000**	**-3,272,000**	**1,932,000**

図5-23：部門別変動損益計算書が作成された

「勘定科目法」は勘定科目で「固定費」と「変動費」に振り分ける方法のためわかりやすいですが、「固定費」と「変動費」の分類に絶対正しいという基準はありません。たとえば人件費は、「勘定科目法」では固定費ですが、時間外やパートやアルバイトの人件費は業務が忙しい時期は大

きく変動します。よって勘定科目だけで固変分解するのは難しいです。そのために「最小二乗法」といった方法があるわけです。

Excelを利用すれば「最小二乗法」での損益分岐点売上高を出すことは難しくはありません。しかし、損益分岐点売上高や損益分岐点比率を改善することになったとして、そこから何をどのように改善すればよいのか現場にはわかりにくいです。

そこで、管理の視点から別な分類を追加し集計する方法を紹介していきます。

[**管理者のための集計**]

先ほどの勘定科目では、「固定費」と「変動費」に分類するという方法でしたが、ここで紹介するのは、「直接費」と「間接費」の製品・サービスと原価の対応関係が明確かどうかで分類するやり方です。

「製品に対する原価発生の態様、すなわち原価の発生が一定単位の製品の生成に関して直接的に認識されるかどうかの性質上の区別による分類であり、原価要素は、この分類基準によってこれを直接費と間接費とに分類する」（出典：原価計算基準）

加えて「部門別計算」による分類も追加します。工場における製造部門と補助部門を前提とした考え方です。

「原価要素を発生したことが直接的に認識されるかどうかによって、部門個別費と部門共通費とに分類する。
部門個別費は、原価部門における発生額を直接に当該部門に賦課し、部門共通費は、原価要素別に又はその性質に基づいて分類された原価要素群別にもしくは一括して、適当な配賦基準によって関係各部門に配賦する」（出典：原価計算基準）

これらの関係性を表5-5のようにとらえてみます。

表5-5:「部門個別費」と「部門共通費」の関係性

部門（プロジェクト）個別費		部門共通費
直接費	間接費	

上記の定義の関係を整理すると次のようになります。

定義では「部門個別費」「部門共通費」となっていますが、「部門個別費」は部門内で稼働している個々のプロジェクトにかかる費用と考え、「プロジェクト個別費」と読み替えます。

案件個別費の中で製品やサービスに対する原価の対応が明らかな原価を「直接費」として扱い、案件全体にかかる費用を「間接費」として見ていきます（表5-6）。

表5-6:「直接費」と「間接費」の関係性

管理者：プロジェクト担当者		管理者：部長
部門（プロジェクト）個別費		部門共通費
直接費	間接費	

それぞれのプロジェクトに対しての管理者はそれぞれのプロジェクト担当者が行い、部門共通費は部門長が管理者となります。

管理者が明確になるのとあわせて、決裁権限を管理者に付与すれば、決裁行為が分散され業務効率を上げることができます。また原価管理の視点から考えると、できるだけプロジェクト個別費として処理することが望ましいです。

会社の業績がよくないときに何が原因を探る際に、まず部門ごとの収支を確認し、次にプロジェクトごとの収支かを確認というように、細かい単位に「掘り下げ」ます。

その際に個別収支は悪くないのに部門収支が悪くなっている場合、部門共通費が過大か、本来個別費として処理しなければならない費用を部

門共通費にしてしまっている可能性があります。

また費用の決裁をする際に、部門共通費で申請がされるものについて重点的にチェックを行うことで、決裁行為も効率的に行うことが可能になります。

［ 管理区分の追加 ］

「VLOOKUP関数」を使ってK列に「管理区分」情報を追加します。今回参照するシートは「**PJマスタ**」です。

セルK2の関数は「=VLOOKUP ([@プロジェクトコード],PJマスタ!$A$2:$H$33,4,FALSE)」となります。

列レベルボックスの「部門」の下に「管理区分」を追加し、行ラベルボックスから「固変分解」をはずします。

すると、部門別管理区分集計表が作成されました（図5-24）。

合計 / 金額	列ラベル							
	⊟01工事			01工事 集計	⊟02派遣			02派遣 集計
行ラベル	01直接	02間接	03共通		01直接	02間接	03共通	
01売上	26,600,000			26,600,000	31,000,000			31,000,000
02材料費	-3,000,000			-3,000,000				
03外注費	-7,350,000			-7,350,000				
04人件費(契)-原価					-24,378,000			-24,378,000
05人件費-原価	-154,000	-1,072,000	-8,572,000	-9,798,000			-2,700,000	-2,700,000
06経費	-100,000	-150,000	-5,300,000	-5,550,000	-80,000	-1,060,000	-1,272,000	-2,412,000
07人件費-販管								
08経費-販管								
総計	15,996,000	-1,222,000	-13,872,000	902,000	6,542,000	-1,060,000	-3,972,000	1,510,000

図5-24：部門別管理区分集計表

親プロジェクトごとの収支も見てみましょう。

「VLOOKUP関数」を使って、L列に「親プロジェクト」を追加します。セルL2の関数は「=VLOOKUP ([@プロジェクトコード],PJマスタ!$A$2:$G$33,5,FALSE)」となります。

列ラベルボックスの「部門」と「管理区分」の間に「親プロジェクト」を追加します。

プロジェクトごとの収支がわかる表になりました（図5-25）。

合計 / 金額	列ラベル					
	01工事					
	A001		A001 集計	A002		A002 集計
行ラベル	01直接	02間接		01直接	02間接	
01売上	7,500,000		7,500,000	5,100,000		5,100,000
02材料費	-1,000,000		-1,000,000	-700,000		-700,000
03外注費	-2,150,000		-2,150,000	-500,000		-500,000
04人件費(契)-原価						
05人件費-原価		-306,000	-306,000	-154,000		-154,000
06経費	-30,000	-10,000	-40,000	-10,000	-10,000	-20,000
07人件費-販管						
08経費-販管						
総計	4,320,000	-316,000	4,004,000	3,736,000	-10,000	3,726,000

図5-25：プロジェクト別集計表

少し横に長くなり過ぎたので、「部門」「親プロジェクト」を「列ラベル」から「行ラベル」に変えて、「形態別分類」を「列ラベル」に持っていきます。

するとプロジェクト別クロス集計表が作成されました（図5-26）。

合計 / 金額	列ラベル					
行ラベル	01売上	02材料費	03外注費	04人件費(契)-原価	05人件費-原価	06経費
01工事	26,600,000	-3,000,000	-7,350,000		-9,798,000	-5,550,000
A001	7,500,000	-1,000,000	-2,150,000		-306,000	-40,000
A002	5,100,000	-700,000	-500,000		-154,000	-20,000
A003	3,500,000		-250,000			-5,000
A004	3,000,000		-250,000			-5,000
A005	7,500,000	-1,300,000	-4,200,000		-766,000	-180,000
AAAA					-8,572,000	-5,300,000
02派遣	31,000,000			-24,378,000	-2,700,000	-2,412,000
B001	13,300,000			-10,335,000		-570,000
B002	17,700,000			-14,043,000		-570,000
BBBB					-2,700,000	-1,272,000
03コールセンター	26,000,000			-12,880,000	-8,652,000	-2,724,000
C001	15,000,000					
C002	11,000,000					
CCCC				-12,880,000	-8,652,000	-2,724,000
04商品販売	30,300,000	-15,700,000			-8,652,000	-4,900,000
D001	15,600,000	-8,164,000				-300,000
D002	14,700,000	-7,536,000				-200,000
DDDD					-8,652,000	-4,400,000
05管理部						
Z000						
総計	113,900,000	-18,700,000	-7,350,000	-37,258,000	-29,802,000	-15,586,000

図5-26：プロジェクト別クロス集計

このように情報を追加することで、さまざまな角度から集計表を作成することができます。

Section 04 配賦についての考え方

　原価計算基準には「**管理不能費**」と「**管理可能費**」という分類があります。

　これまで「直接費」「間接費」「共通費」「プロジェクト」などで分類をしたのは管理者を明確にするためです。管理者が明確でない場合、それを改善しようという動きになかなかならないからです。

「原価の管理可能性に基づく分類とは、原価の発生が一定の管理者層によって管理しうるかどうかの分類であり、原価要素は、この分類基準によってこれを管理可能費と管理不能費とに分類する。下級管理者層にとって管理不能費であるものも、上級管理者層にとっては管理可能費となることがある」（出典：原価計算基準）

　立場によって会社で見る数字は異なると書きました。何を見るべきか、どのような情報を提供するべきか、管理可能性に着目するのがわかりやすいです。

　たとえば、A部門で発生する費用をB部門で管理することはできません。それなのにB部門の費用をA部門に負担させるようなことがあれば、部門管理者がきちんと管理をしても、部門業績が悪くなってしまいます。

　それは、本社費の「配賦」についても同じことがいえます。

　原価計算基準では「共通費」や「間接費」を決められた基準に従って配賦するという考え方があります。

　管理費を各部門に売上基準で配賦すると、図5-27のようになります。説明のピボットテーブルは、サンプルファイル「**第5章04_配賦について**」を参照してください。

合計 / 金額	列ラベル					
行ラベル	01工事	02派遣	03コールセンター	04商品販売	05管理部	総計
⊟01売上						
01売上	26,600,000	31,000,000	26,000,000	30,300,000		113,900,000
01売上 集計	26,600,000	31,000,000	26,000,000	30,300,000		113,900,000
⊟02売上原価						
02材料費	-3,000,000			-15,700,000		-18,700,000
03外注費	-7,350,000					-7,350,000
04人件費(契)-原価		-24,378,000	-12,880,000			-37,258,000
05人件費-原価	-9,798,000	-2,700,000	-8,652,000	-8,652,000		-29,802,000
06経費	-5,550,000	-2,412,000	-2,724,000	-4,900,000		-15,586,000
02売上原価 集計	-25,698,000	-29,490,000	-24,256,000	-29,252,000		-108,696,000
⊟03販管費						
07人件費-販管	-432,207	-524,493	-440,286	-511,014	0	-1,908,000
08経費-販管	-308,978	-374,952	-314,753	-365,317	0	-1,364,000
03販管費 集計	-741,185	-899,445	-755,039	-876,331	0	-3,272,000
総計	160,815	610,555	988,961	171,669	0	1,932,000

図5-27：管理費を各部門に売上基準で配賦（シート「①」）

　配賦基準の設定は非常に難しいです。この場合の難しいとは、基準を作ることではなく、各部門を納得させることが難しいのです。

　一方、面積割合基準のようにわかりやすい基準もあります。地代家賃を各部門の利用面積に応じて金額配賦する方法です。

　たとえば、300m^2のフロアを1カ月30万円で借りているとするとします。このとき、部署ごとの賃料は表5-7のようになります。

表5-7：部署ごとの賃料

部門	利用面積	賃料
工事部門	100m^2	10万
派遣部門	60m^2	6万
コールセンター部門	100m^2	10万
管理部	40m^2	4万

　このように基準が明確な費用については、配賦するのを納得してもらうのは簡単です。

　しかし、人件費などを配賦するのは難しいです。

　人件費を配賦するには、工数管理というどの部門に対して何時間働いたかを記録しておいて、時間数に応じて配賦するという方法があります。けれども、どの部門に対しての仕事をしたのかをきちんと記録するのは大変ですし、全部門に対しての業務の場合は配賦しようがありません。

売上基準である場合、売上が多い部門ほど本社費の配賦額が増えます。もちろん売上が多ければそれだけ間接費や共通費がかかっているという考え方は合理的といえるかもしれません。しかし、頑張れば頑張るほど、自部門で管理不能な費用を負担させられることになってしまいます。

もし共通費を配賦した結果、部門営業利益がマイナスになった場合、その部門は儲かっていないように見えてしまいます。

その他にも部門に所属人数に応じて配賦する方法や、利益に対して配賦する方法などもありますが、どちらも負担が多くなる部門にとっては納得するだけの合理性があるとはいえません。

配賦後の数字で意思決定することは正しいか？

先ほどの集計表から、仮に工事部門の売上が30万円少なくなったとします（図5-28）。

合計 / 金額	列ラベル					
行ラベル	01工事	02派遣	03コールセンター	04商品販売	05管理部	総計
⊟売上総利益						
⊞01売上	26,300,000	31,000,000	26,000,000	30,300,000		113,600,000
⊞02売上原価	-25,698,000	-29,490,000	-24,256,000	-29,252,000		-108,696,000
売上総利益 集計	602,000	1,510,000	1,744,000	1,048,000		4,904,000
⊞03販管費	-741,185	-899,445	-755,039	-876,331	0	-3,272,000
総計	-139,185	610,555	988,961	171,669	0	1,632,000

図5-28：工事部門の売上が30万円少なくなった場合（シート「②」）

この場合、売上総利益が602,000円に対して販管費が741,185円配賦されて、工事部門は赤字になってしまいました。このことから、配賦後の数字を判断基準に工事部門を廃止する決断を下してしまったらどうでしょう。

工事部門がなくなったと仮定して計算してみましょう（図5-29）。

合計 / 金額	列ラベル				
行ラベル	02派遣	03コールセンター	04商品販売	05管理部	総計
⊟売上総利益					
⊞01売上	31,000,000	26,000,000	30,300,000		87,300,000
⊞02売上原価	-29,490,000	-24,256,000	-29,252,000		-82,998,000
売上総利益 集計	1,510,000	1,744,000	1,048,000		4,302,000
⊞03販管費	-899,445	-755,039	-876,331	0	-2,530,815
総計	610,555	988,961	171,669	0	1,771,185

図5-29：工事部門を廃止した場合の集計表（シート「③」）

一見すると、工事部門の赤字がなくなったことで利益が増加したと思えます。しかし、工事部門に配賦していた販管費741,185円は他の部門が負担しなければなりません。

　実務的に部門全体で販管費を負担した場合の集計表が図5-30になります。

合計 / 金額	列ラベル				
行ラベル	02派遣	03コールセンター	04商品販売	05管理部	総計
⊟売上総利益					
⊞01売上	31,000,000	26,000,000	30,300,000		87,300,000
⊞02売上原価	-29,490,000	-24,256,000	-29,252,000		-82,998,000
売上総利益 集計	1,510,000	1,744,000	1,048,000		4,302,000
⊞03販管費	-899,445	-755,039	-876,331	-741,185	-3,272,000
総計	610,555	988,961	171,669	-741,185	1,030,000

図5-30：各部門に販管費を負担させた集計表（シート「④」）

　また、工事部門がなくなったとしても工事部門で発生していた「固定費」や「部門共通経費」は変わらず発生する費用です（図5-31・図5-32）。

合計 / 金額	列ラベル		
	⊟01工事		総計
行ラベル	01変動費	02固定費	
⊟売上総利益			
⊞01売上	26,300,000		26,300,000
⊟02売上原価			
02材料費	-3,000,000		-3,000,000
03外注費	-7,350,000		-7,350,000
05人件費-原価	-500,000	-9,298,000	-9,798,000
06経費		-5,550,000	-5,550,000
総計	15,450,000	-14,848,000	602,000

図5-31：部門変動損益計算書（シート「⑤」）

合計 / 金額	列ラベル			
	⊟01工事			総計
行ラベル	01直接	02間接	03共通	
⊟売上総利益				
⊞01売上	26,300,000			26,300,000
⊟02売上原価				
02材料費	-3,000,000			-3,000,000
03外注費	-7,350,000			-7,350,000
05人件費-原価	-154,000	-1,072,000	-8,572,000	-9,798,000
06経費	-100,000	-150,000	-5,300,000	-5,550,000
総計	15,696,000	-1,222,000	-13,872,000	602,000

図5-32：管理区分損益計算書（シート「⑥」）

では、「変動費」のみなくなった場合はどうなるでしょうか。

この場合、当たり前ですが、なくなるのは変動費だけでなく売上もです。そして固定費は残ります。工事部門により賄われていた固定費が、他の部門に乗っかるので会社全体としての数字は悪くなります。

部門の廃止などを検討するには、それまで負担していた本社費に加え、廃止して残る費用を他に割り振れるかどうかで考えなければなりません。つまり、工事部門にいた人員を他の部門に移動する、固定資産を他部門で利用するなどの措置が必要となるわけです。よって単純に配賦後の数字で見るのではなく、全体的な影響を考えた上で意思決定を行うべきなのです。

私の場合は、会社の意思決定のために利用する資料では、本社費配賦は行っていません。各部門には予算で設定された売上と部門利益の達成のみを意識してもらい、本社費は本社費を構成する部門で予算を守るように努力します。

そのため本社費も部門ごとで細かく予算を作成し、原価管理を行っています。

利益を出す部門に対して「利益を稼いで」と厳しいことをいうのであれば、本社費部門にも厳しくなければならないからです。

補足しておくと、配賦の必要がないといっているわけではありません。原価計算や各種報告資料上、配賦したあとの数字で作成しければならないものはあります。

ここで説明した配賦の考え方は、管理会計で利用する数字として適切なものは何かという視点が大切であるということを理解していただければというものです。

Section 05 ピボットテーブルの機能を活用した分析方法

期間比較分析を行う

　第4章で取り上げた期間比較について、ピボットテーブルで行う方法を紹介します。

　期間比較分析を行うことで、他期間と比較して違和感のある数値を見付けることができます。ここからはサンプルファイル「**第5章05_期間比較分析**」を使って説明します。

合計 / 金額		列ラベル				
行ラベル	形態別分類	Q1	Q2	Q3	Q4	総計
⊟01工事	01売上	7,500	5,100	3,500	10,500	26,600
	02材料費	-1,000	-700	0	-1,300	-3,000
	03外注費	-2,150	-500	-250	-4,450	-7,350
	05人件費-原価	-2,449	-2,297	-2,143	-2,909	-9,798
	06経費	-1,365	-1,345	-1,330	-1,510	-5,550
01工事 集計		536	258	-223	331	902
⊟02派遣	01売上	7,800	7,600	7,600	8,000	31,000
	04人件費(契)-原価	-6,136	-5,970	-5,970	-6,302	-24,378

図5-33：部門別期間推移損益計算書（シート「集計表①」）

　値ボックスに「金額」を追加します。
　同じフィールドを挿入したので、「金額2」と表示されています（**図5-34**）。

		Q1	
行ラベル	形態別分類	合計 / 金額	合計 / 金額2
⊟01工事	01売上	7,500	7500000
	02材料費	-1,000	-1000000
	03外注費	-2,150	-2150000
	05人件費-原価	-2,449	-2449000
	06経費	-1,365	-1365000
01工事 集計		536	536000

図5-34：部門別期間推移損益計算書に、さらに金額を追加（シート「集計表②」）

ピボットテーブル内の集計値を選択した状態で、［アプリケーション］キーもしくは Shift + F10 でコンテキストメニューを表示し、［計算の種類］→［行集計に対する比率］を選択します（図5-35）。

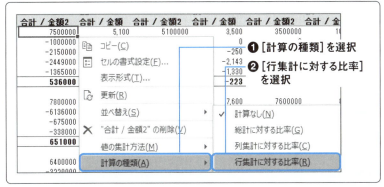

図5-35：［計算の種類］→［行集計に対する比率］を選択

集計値が率で表示されました（図5-36）。これは、行集計の合計値に対していくらの割合なのかを表したものです。たとえば、Q1の「01 売上」28.20%は、Q1の7,500を合計値26,600で割った値です。

図5-36：部門別期間推移損益計算書に行集計に対する比率を追加（シート「集計表②」）

[**条件付き書式**]

条件付き書式を利用することで、他の期間と比べて異常があると思われる値を**カラーバーで強調させる**ことができます。値のラベル部分にカーソルを合わせると「⬇」アイコンに変わります（図5-37）。

形態別分類	Q1 合計/金	合計/金	Q2 合計/金	合計/金	Q3 合計/金	合計/金	Q4 合計/金	合計/金
01売上	7,500	28.20%	5,100	19.17%	3,500	13.16%	10,500	39.47%
02材料費	-1,000	33.33%	-700	23.33%	0	0.00%	-1,300	43.33%
03外注費	-2,150	29.25%	-500	6.80%	-250	3.40%	-4,450	60.54%
05人件費-原価	-2,449	24.99%	-2,297	23.44%	-2,143	21.87%	-2,909	29.69%
06経費	-1,365	24.59%	-1,345	24.23%	-1,330	23.96%	-1,510	27.21%
	536	59.42%	258	28.60%	-223	-24.72%	331	36.70%

図5-37：条件付き書式を設定するために比率列を一括選択（シート「条件付き書式」）

　［ホーム］タブの［条件付き書式］→［データバー］で塗りつぶしを選択すると、カラーバーが表示されます。

　各部門長がより詳細な分析をするのための資料として、ピボットテーブルで作成した資料が便利です。スライサー機能を利用すれば、簡単に自部門のみを抽出することができるため、部門ごとの集計資料を用意する手間が省けます。

［ 直感的な絞り込み機能を設定する ］

　Excelには必要な情報のみを絞り込む**フィルター機能**があります。

　ピボットテーブルにはフィルター機能に加え、直感的な操作で絞り込みが可能な「スライサー」という機能があります。ピボットテーブルを選択した状態で、［分析］タブの［スライサーの挿入］をクリックします。

　「スライサーの挿入」のダイアログボックスが開くので、「部門」を選択します。

　「部門」がリスト表示された「スライサー」が画面上に表示されました（**図5-38**）。

図5-38：「部門」がリスト表示された「スライサー」

「部門名」となっているボタンをクリックすると選択した部門のみが表示されます（図5-39）。

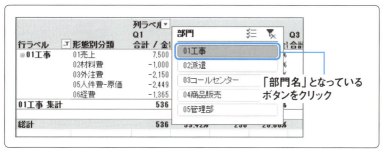

図5-39：選択した部門のみが表示された

Ctrlを押しながら選択すれば離れた部門を、Shiftを押しながら選択すれば連続で部門を選択できます。

今度は、「スライサー」の表示方法を変更してみましょう。「スライサー」を選択した状態で、［アプリケーション］キーもしくはShift + F10でコンテキストメニューを表示し、［サイズとプロパティ］を選択します。

「レイアウト」の「列数」を5にします。

「スライサー」内の部門名が横並びになりました（図5-40）。

図5-40：「スライサー」内の部門名が横並びになった

「スライサー」の右下角をマウスでドラッグすることで、サイズを自由に変更できます。

[情報を掘り下げる]

違和感のある値を見付けたら、掘り下げて原因を探ります（図5-41）。損益計算書で考えると「勘定科目」を掘り下げると「補助科目」、「補助科目」を掘り下げると「摘要」や「備考」といったより細かな分類で値を分析することで、原因を見付けることができます。

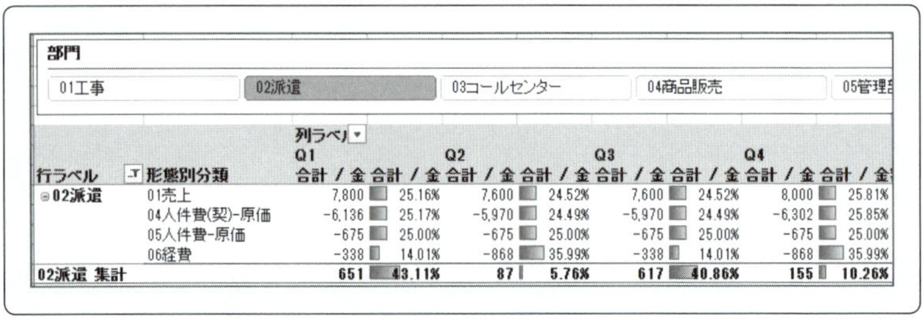

部門

01工事 | 02派遣 | 03コールセンター | 04商品販売 | 05管理

行ラベル	形態別分類	Q1 合計 / 金	合計 / 金	Q2 合計 / 金	合計 / 金	Q3 合計 / 金	合計 / 金	Q4 合計 / 金	合計 / 金
⊟02派遣	01売上	7,800	25.16%	7,600	24.52%	7,600	24.52%	8,000	25.81%
	04人件費(契)-原価	-6,136	25.17%	-5,970	24.49%	-5,970	24.49%	-6,302	25.85%
	05人件費-原価	-675	25.00%	-675	25.00%	-675	25.00%	-675	25.00%
	06経費	-338	14.01%	-868	35.99%	-338	14.01%	-868	35.99%
02派遣 集計		**651**	**43.11%**	**87**	**5.76%**	**617**	**40.86%**	**155**	**10.26%**

図5-41：スライサー機能で「02派遣」のみ選択した状態（シート「スライサー」）

「06 経費」をダブルクリックすると［詳細データの表示］というダイアログボックスを開くので、「勘定科目」を選択します。

「06 経費」の下に「勘定科目」が表示されました。これを確認すると接待交際費がQ1に比べて著しく高くなっているのがわかります（図5-42）。

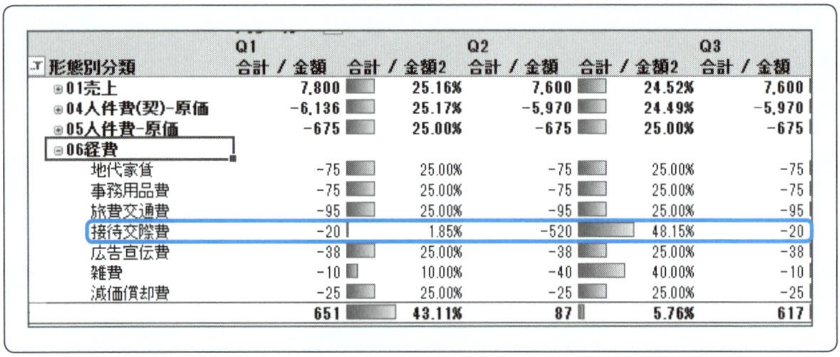

形態別分類	Q1 合計 / 金額	合計 / 金額2	Q2 合計 / 金額	合計 / 金額2	Q3 合計 / 金額
⊞01売上	**7,800**	**25.16%**	**7,600**	**24.52%**	**7,600**
⊞04人件費(契)-原価	**-6,136**	**25.17%**	**-5,970**	**24.49%**	**-5,970**
⊞05人件費-原価	**-675**	**25.00%**	**-675**	**25.00%**	**-675**
⊟06経費					
地代家賃	-75	25.00%	-75	25.00%	-75
事務用品費	-75	25.00%	-75	25.00%	-75
旅費交通費	-95	25.00%	-95	25.00%	-95
接待交際費	-20	1.85%	-520	48.15%	-20
広告宣伝費	-38	25.00%	-38	25.00%	-38
雑費	-10	10.00%	-40	40.00%	-10
減価償却費	-25	25.00%	-25	25.00%	-25
	651	**43.11%**	**87**	**5.76%**	**617**

図5-42：「06経費」を展開させて補助科目を表示させた状態（シート「掘り下げる」）

これを折りたたむには形態別分類の前にある「－」をクリックすると、「勘定科目」は閉じて「＋」になります。この操作は、［アプリケーション］キーもしくはShift＋F10でコンテキストメニューを開き、［展開／折りたたみ］→［フィールド全体の展開］もしくは［フィールド全体の折りたたみ］で一括操作することができます。

他部門比較分析を行う

先ほどの分析は同部門間での期間比較分析でしたが、他部門に比べて

それぞれの費用割合はどうかということを調べるのに使える分析が**他部門比較分析**です。

サンプルファイル「**第5章-05_他部門比較分析**」を使って説明します。

シート「**伝票**」のセルM1に「比率」と入力します。

セルM2に関数式「=IF([@金額]>0,[@金額],[@金額]*-1)」と入力します。ここでIF関数について説明しておきましょう。

IF関数は条件を満たすかどうかで異なる結果を返す関数です。関数式には、「IF（論理式,真の場合,偽の場合）」、論理式には「X=Y」「X>Y」「X>＝Y」「X<Y」「X<＝Y」といった式が入ります。

これらの式の結果で「真」か「偽」かの値を返す関数です。

表5-8：IF関数の関数式

A	=IF(1=1,"A","B")	1は1に等しい、よってA（真）
B	=IF(1>2,"A","B")	1は2より大きくない、よってB（偽）
A	=IF(1>=1,"A","B")	1は1以上である、よってA（真）
B	=IF(2<1,"A","B")	2は1より小さくない、よってB（偽）
A	=IF(1<=1,"A","B")	1は1以下である、よってA（真）

今回の式を説明すると、「金額」が0より大きい場合、「金額」そのままを表示し、「金額」が0未満である場合は「金額」にマイナス1を掛けた数字を表示するというものです。

これにより金額のマイナス値だった数字もプラス値になります（図5-43）。

管理区分	親プロジェクト	比率
01直接	A001	7000000
01直接	A001	300000
01直接	A001	200000
01直接	A002	4700000

図5-43：金額のマイナス値だった数字もプラス値になる

ピボットテーブルのあるシートに戻り、値ボックスから「金額」をはずし、「比率」を追加します。

ピボットテーブル内の集計値を選択した状態で、[アプリケーション] キーもしくはShift＋F10でコンテキストメニューを表示し、[計算の種類]→[列集計に対する比率] を選択します（図5-44）。

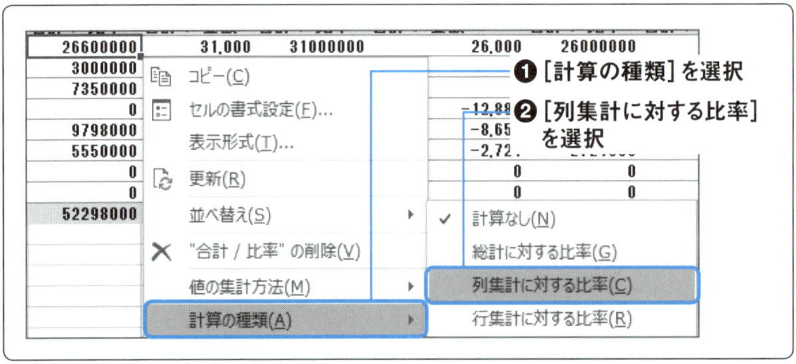

図5-44：シート「集計表②」

部門間でのそれぞれの「形態別分類」での比率を比較することができます（図5-45）。

合計 / 比率 行ラベル	列ラベル 01工事	02派遣	03コールセンター	04商品販売	05管理部	総計
⊕01売上	50.86%	51.25%	51.74%	50.88%	0.00%	50.43%
⊕02材料費	5.74%	0.00%	0.00%	26.36%	0.00%	8.28%
⊕03外注費	14.05%	0.00%	0.00%	0.00%	0.00%	3.25%
⊕04人件費(契)-原価	0.00%	40.30%	25.63%	0.00%	0.00%	16.50%
⊕05人件費-原価	18.73%	4.46%	17.22%	14.53%	0.00%	13.19%
⊕06経費	10.61%	3.99%	5.42%	8.23%	0.00%	6.90%
⊕07人件費-販管	0.00%	0.00%	0.00%	0.00%	58.31%	0.84%
⊕08経費-販管	0.00%	0.00%	0.00%	0.00%	41.69%	0.60%
総計	100.00%	100.00%	100.00%	100.00%	100.00%	100.00%

図5-45：シート「集計表③」

ここでは、「01工事」の取引総額における売上が締める割合は50.86%、「02派遣」51.25%、「03コールセンター」51.74%、「04商品販売」50.88%となりました。このように、売上規模にかかわらず、部門の中でそれぞれの費用の割合が他の部門と比べて比較することが可能です。

Chapter 06

情報提供スキル
～相手の知りたい情報を確実に届ける～

この章ではピボットテーブルを利用した各種資料の作成方法を紹介します。
ここまでピボットテーブルを利用した
いろいろな分析方法を紹介してきました。
これまでの分析に利用したピボットテーブルからそのまま資料を
作成できれば、1つのデータで分析から資料作成までを
完結させることができます。
ピボットテーブルは非常に便利な機能ですが、
そのままでは思うような資料が作成できない場合があります。
ピボットテーブルとその他のExcelの機能を組み合わせることで、
より高度で柔軟性がある資料を作成することができます。
また、ピボットテーブルからそのまま作成できる
ピボットグラフの作成方法についても紹介します。

Section 01 ピボットテーブルを利用した資料作成のコツ

　複数の資料を複数のデータから作成している場合、データに修正が生じたときにはどちらのデータも修正しなければなりません。一度だけであればそこまで大変ではありませんが、何度も訂正が発生すると非常に手間ですし、一方の資料を訂正し忘れるということも起こり得ます。

　けれども、1つのピボットテーブルから各種資料がすべて作成できれば、資料作成を効率的に行うことができます。

　ここでは、これまで利用してきたピボットテーブルから、どのように資料を作成すれば効率的にすることができるのかを紹介します。

　ここからの説明は、サンプルファイル「**第6章-01_ピボットテーブルレイアウト**」を参照しながら説明します。

コンパクト形式と表形式の組み合わせ

　ピボットテーブルのレイアウトには、「**コンパクト形式**」「**表形式**」「**アウトライン形式**」の3つの形式があります。このうち主に使うのが、「コンパクト形式」（図6-1）と「表形式」（図6-2）の2つです。

合計 / 金額 行ラベル	列ラベル Q1	Q2	Q3	Q4	総計
⊟ 01工事	536,000	258,000	-223,000	331,000	902,000
⊟ 01売上					
売上	7,500,000	5,100,000	3,500,000	10,500,000	26,600,000
⊞ 02材料費	-1,000,000	-700,000		-1,300,000	-3,000,000
⊞ 03外注費	-2,150,000	-500,000	-250,000	-4,450,000	-7,350,000
⊟ 05人件費-原価					
基本給	-1,450,000	-1,350,000	-1,250,000	-1,750,000	-5,800,000
時間外	-125,000	-125,000	-125,000	-125,000	-500,000
賞与	-482,000	-450,000	-416,000	-582,000	-1,930,000
賞与法定福利	-73,000	-68,000	-63,000	-88,000	-292,000
退職金引当	-25,000	-25,000	-25,000	-25,000	-100,000
通勤手当	-50,000	-50,000	-50,000	-50,000	-200,000
法定福利費	-244,000	-229,000	-214,000	-289,000	-976,000
⊞ 06経費	-1,365,000	-1,345,000	-1,330,000	-1,510,000	-5,550,000

（同列に斜め右下に表示される）

図6-1：コンパクト形式（初期作成の形式）

別の列に真横に表示される

合計／金額 部門	形態別分類	勘定科目	期間 Q1	Q2	Q3	Q4	総計
⊟01工事	⊟01売上	売上	7,500,000	5,100,000	3,500,000	10,500,000	26,600,000
	⊟02材料費		−1,000,000	−700,000		−1,300,000	−3,000,000
	⊟03外注費		−2,150,000	−500,000	−250,000	−4,450,000	−7,350,000
	⊟05人件費−原価	基本給	−1,450,000	−1,350,000	−1,250,000	−1,750,000	−5,800,000
		時間外	−125,000	−125,000	−125,000	−125,000	−500,000
		賞与	−482,000	−450,000	−416,000	−582,000	−1,930,000
		賞与法定福利	−73,000	−68,000	−63,000	−88,000	−292,000
		退職金引当	−25,000	−25,000	−25,000	−25,000	−100,000
		通勤手当	−50,000	−50,000	−50,000	−50,000	−200,000
		法定福利費	−244,000	−229,000	−214,000	−289,000	−976,000
	⊟06経費		−1,365,000	−1,345,000	−1,330,000	−1,510,000	−5,550,000
01工事 集計			536,000	258,000	−223,000	331,000	902,000

図6-2：表形式

　ピボットテーブルは行項目を重ねることにより、情報を階層化した集計表を作成することができます。「コンパクト形式」と「表形式」の2つを組み合わせることで、より見やすい資料を作成することができます。

　組み合わせのポイントは、**項目のカテゴリーが同類かどうか**です。図6-2の例の場合、行項目に「部門」「形態別分類」「勘定科目」の3つを設定しています。このうち「部門」が単体で、「形態別分類」と「勘定科目」が同類カテゴリーとなります。そのため、「部門」と「形態別分類」「勘定科目」で2つに分けて、表形式で表示します。同類カテゴリーになる項目は、コンパクト形式で大カテゴリーが上位に位置付けられる表示にするのがよいでしょう。

　この場合だと上位に「形態別分類」、下位に「勘定科目」になります。つまり、「形態別分類」を掘り下げるとより詳細な「勘定科目」が確認できることになります。

[「コンパクト形式」と「表形式」を組み合わせた表を作成する手順]

　サンプルファイルのシート「**コンパクト形式**」を開き、全体を「表形式」にします。

　ピボットテーブル内の任意の場所をクリックし、[ピボットテーブルツール]を表示します。[デザイン]タブの[レポートのレイアウト]→[表形式で表示]の順で選択します。

　次に、データの一部を「コンパクト形式」に変更します。今回は、「形

態別分類」の右隣のデータである「勘定科目」が「コンパクト形式」で表示されるようにします。［アプリケーション］キーもしくは Shift + F10 でコンテキストメニューを開いて［フィールドの設定］を選択し、フィールドの設定のダイアログボックスを開きます。

　［レイアウトと印刷］のタブを選択し、［アイテムのラベルをアウトライン形式で表示する］→［隣のフィールドのラベルを同じ列内に表示する］にチェックを入れ、［OK］をクリックします（図6-3）。

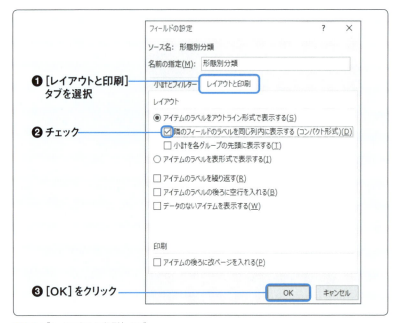

図6-3：「レイアウトと印刷」タブ

　コンパクト形式と表形式の組み合わせのデザインになりました（図6-4）。

図6-4:コンパクト形式と表形式の組み合わせのデザインになった

数字の空白は「0」を埋める

図6-5のように、集計表で空白の欄があると数字が抜けていると思われてしまうことがあります。そのような勘違いを起こさせないために、**空白には「0」を表示する**ようにしましょう。

図6-5:空白の欄は数字が抜けていると勘違いされる可能性がある

空白に「0」を表示するためには、ピボットテーブル内の集計値を選択した状態で、[アプリケーション]キーもしくは Shift + F10 でコンテキストメニューを開いて[ピボットテーブルオプション]を選択し、ピボットテーブルオプションのダイアログボックスを開きます。

[レイアウトと書式]タブの[空白セルに表示する値]の欄に「0」と入力し、[OK]をクリックします(図6-6)。

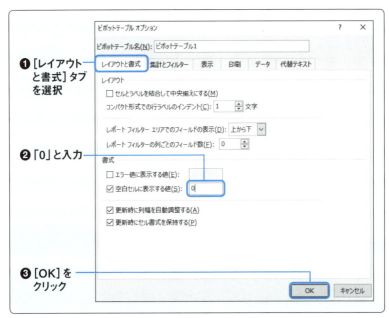

図6-6:「0」と入力する

空白のセルに「0」が表示されました（図6-7）。

図6-7:空白のセルに「0」と入力された

境界を明確にする

　集計した資料の境界がはっきりしないと見にくい資料になります。資料が見にくいと感じるときは、境界線が詰まっているレイアウトになっていることが多いです。

　そのようなときには、次のような工夫をすると、見やすい資料に変わります。

[**方法1：集計行に一括で色を塗る**]

集計行の集計名のところをマウスで選択すると、図6-8のようにすべての集計行の色が反転します。

図6-8：すべての集計行の色が反転した

背景色を設定するとすべての行に色が塗られ、見やすくなりました（図6-9）。

図6-9：すべての行に色が塗られた

［ 方法2：空行を挿入する ］

［アプリケーション］キーもしくは Shift + F10 でコンテキストメニューを開き、［フィールドの設定］を選択し、「フィールドの設定」のダイアログボックスを開きます。

［レイアウトと印刷］のタブに移動し、［アイテムのラベルの後ろに空行を入れる］にチェックを入れ、［OK］をクリックします（図6-10）。

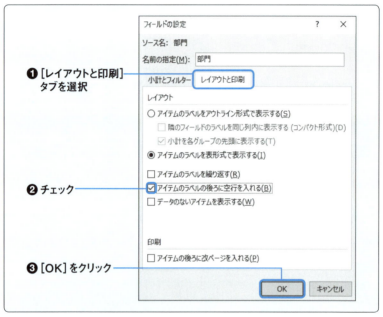

図6-10：［レイアウトと印刷］のタブ

集計行の下に空白行ができ、見やすくなりました（図6-11）。

合計 / 金額		列ラベル				
行ラベル	形態別分類	Q1	Q2	Q3	Q4	総計
⊟01工事	⊞01売上	7,500,000	5,100,000	3,500,000	10,500,000	26,600,000
	⊞02材料費	-1,000,000	-700,000	0	-1,300,000	-3,000,000
	⊞03外注費	-2,150,000	-500,000	-250,000	-4,450,000	-7,350,000
	⊞05人件費-原価	-2,449,000	-2,297,000	-2,143,000	-2,909,000	-9,798,000
	⊞06経費	-1,365,000	-1,345,000	-1,330,000	-1,510,000	-5,550,000
01工事 集計		536,000	258,000	-223,000	331,000	902,000
⊟02派遣	⊞01売上	7,800,000	7,600,000	7,600,000	8,000,000	31,000,000
	⊞04人件費(契)-原価	-6,136,000	-5,970,000	-5,970,000	-6,302,000	-24,378,000
	⊞05人件費-原価	-675,000	-675,000	-675,000	-675,000	-2,700,000
	⊞06経費	-338,000	-868,000	-338,000	-868,000	-2,412,000
02派遣 集計		651,000	87,000	617,000	155,000	1,510,000
⊟03コールセンター	⊞01売上	6,400,000	6,300,000	6,600,000	6,700,000	26,000,000
	⊞04人件費(契)-原価	-3,220,000	-3,220,000	-3,220,000	-3,220,000	-12,880,000
	⊞05人件費-原価	-2,163,000	-2,163,000	-2,163,000	-2,163,000	-8,652,000
	⊞06経費	-681,000	-681,000	-681,000	-681,000	-2,724,000
03コールセンター 集計		336,000	236,000	536,000	636,000	1,744,000
⊟04商品販売	⊞01売上	7,000,000	7,100,000	7,700,000	8,500,000	30,300,000
	⊞02材料費	-3,507,000	-3,716,000	-4,029,000	-4,448,000	-15,700,000
	⊞05人件費-原価	-2,163,000	-2,163,000	-2,163,000	-2,163,000	-8,652,000
	⊞06経費	-1,250,000	-1,100,000	-1,450,000	-1,100,000	-4,900,000
04商品販売 集計		80,000	121,000	58,000	789,000	1,048,000
⊟05管理部	⊞07人件費-販管	-477,000	-477,000	-477,000	-477,000	-1,908,000
	⊞08経費-販管	-341,000	-341,000	-341,000	-341,000	-1,364,000
05管理部 集計		-818,000	-818,000	-818,000	-818,000	-3,272,000
総計		785,000	-116,000	170,000	1,093,000	1,932,000

図6-11:集計行の下に空白行ができた

桁数を「千円」単位、「百万円」単位に調整する

　桁数が多い数字は資料として見にくいものです。そこで桁数を調整して見やすくしましょう。

　やり方は、[アプリケーション]キーもしくはShift+F10でコンテキストメニューを開いて[値フィールドの設定]を選択し、「値フィールドの設定」のダイアログボックスを開きます。

　[表示形式]をクリックし、セルの書式設定ダイアログボックスを開きます。

　[分類]で[ユーザー定義]を選択し、[種類]の欄に「#,##0,;[赤]#,##0,」と入力します(図6-12)。

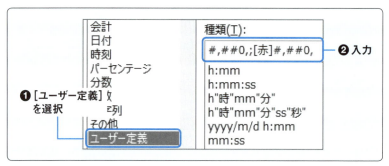

図6-12：ユーザー定義への入力

桁数が千円単位の表記になりました（図6-13）。

合計 / 金額		列ラベル				
行ラベル	形態別分類	Q1	Q2	Q3	Q4	総計
⊟01工事	⊟01売上	7,500	5,100	3,500	10,500	26,600
	⊟02材料費	1,000	700	0	1,300	3,000
	⊟03外注費	2,150	500	250	4,450	7,350
	⊟05人件費-原価	2,449	2,297	2,143	2,909	9,798
	⊟06経費	1,365	1,345	1,330	1,510	5,550
01工事 集計		536	258	223	331	902
⊟02派遣	⊟01売上	7,800	7,600	7,600	8,000	31,000
	⊟04人件費(契)-原価	6,136	5,970	5,970	6,302	24,378
	⊟05人件費-原価	675	675	675	675	2,700
	⊟06経費	338	868	338	868	2,412
02派遣 集計		651	87	617	155	1,510
⊟03コールセンター	⊟01売上	6,400	6,300	6,600	6,700	26,000
	⊟04人件費(契)-原価	3,220	3,220	3,220	3,220	12,880
	⊟05人件費-原価	2,163	2,163	2,163	2,163	8,652
	⊟06経費	681	681	681	681	2,724
03コールセンター 集計		336	236	536	636	1,744
⊟04商品販売	⊟01売上	7,000	7,100	7,700	8,500	30,300
	⊟02材料費	3,507	3,716	4,029	4,448	15,700
	⊟05人件費-原価	2,163	2,163	2,163	2,163	8,652
	⊟06経費	1,250	1,100	1,450	1,100	4,900
04商品販売 集計		80	121	58	789	1,048
⊟05管理部	⊟07人件費-販管	477	477	477	477	1,908
	⊟08経費-販管	341	341	341	341	1,364
05管理部 集計		818	818	818	818	3,272
総計		785	116	170	1,093	1,932

図6-13：桁数が千円単位の表記になった

[**数字の書式設定**]

簡単に千円単位の表記方法について説明してきましたので、数字の書式設定についてもう少し丁寧に説明しておきましょう。

数字の書式設定については、細かく説明するより比較表を見てもらったほうが理解しやすいでしょう。

表6-1：数字の書式設定の比較表

No.	書式設定	正の数字	負の数字	備考
1	なし	1000000	-1000000	―
2	#,##0;-#,##0	1,000,000	-1,000,000	単位：円
3	#,##0,;[赤]-#,##0,	1,000	-1,000	単位：千円
4	#,##0,,;[赤]-#,##0,,	1	-1	単位：百万円
5	[赤]-#,##0,;#,##0,	-1,000	1,000	単位：千円
6	[赤]#,##0,;#,##0,	1,000	1,000	単位：千円
7	[青]#,##0,;#,##0,	1,000	1,000	単位：千円

表示形式では、入力された値が「正の数」と「負の数字」とで異なる書式を定義することができます。書式間を「;(セミコロン)」で区切ります。たとえばNo.2を見てみると、「#,##0;-#,##0」で区切られているのがわかります。

3桁ごとの桁数区切りは「,(カンマ)」を用います。たとえばNo.3を見てみると、「#,##0,;[赤]-#,##0,」と0の後ろに「,」が入っているのがわかります。これにより単位が千円単位になります。No.4では「#,##0,,;[赤]-#,##0,,」とカンマを2つつなげているので、百万円単位になっています。

数字にマイナス表記にするには、「-(マイナス)」を用います。No.5とNo.6を見比べてみてください。「[赤]-#,##0,;#,##0,」と「[赤]#,##0,;#,##0,」では「-」の違いがあります。

文字の色を変更するには「[赤]」を用います。No.6とNo.7で数字の前に設定されているものによって色が設定されています。

Section 02 ピボットテーブルの数値を参照するGETPIVOTDATA関数

うまく活用すれば非常に便利なピボットテーブルですが、集計値は自動的に計算された数字になるため、必要以上に項目が表示されてしまう、必要な情報が埋もれてしまうといった集計表になってしまいます。

たとえば、図6-14のようなピボットテーブルがあるとします。

合計 / 金額 行ラベル	列ラベル Q1	Q2	Q3	Q4	総計
⊟01 工事					
01 売上	7,500,000	5,100,000	3,500,000	10,500,000	26,600,000
02 材料費	-1,000,000	-700,000		-1,300,000	-3,000,000
03 外注費	-2,150,000	-500,000	-250,000	-4,450,000	-7,350,000
05 人件費-原価	-2,449,000	-2,297,000	-2,143,000	-2,909,000	-9,798,000
06 経費	-1,365,000	-1,345,000	-1,330,000	-1,510,000	-5,550,000
01 工事 集計	536,000	258,000	-223,000	331,000	902,000
⊟02 派遣					
01 売上	7,800,000	7,600,000	7,600,000	8,000,000	31,000,000
04 人件費(契)-原価	-6,136,000	-5,970,000	-5,970,000	-6,302,000	-24,378,000
05 人件費-原価	-675,000	-675,000	-675,000	-675,000	-2,700,000
06 経費	-338,000	-868,000	-338,000	-868,000	-2,412,000
02 派遣 集計	651,000	87,000	617,000	155,000	1,510,000

図6-14：必要以上に項目が表示されたピボットテーブル

このピボットテーブルを、部門ごとの「売上」と「部門利益（集計の値）」だけ見せる資料にしたいとします。つまり、「02材料費」～「06経費」までが表示されないようにしたいわけです。

この場合、どのようなやり方をすればよいでしょうか。

たとえば、「部門」を折りたたむと、「部門利益」のみ表示され「売上」が見えなくなってしまいます。また、フィルター機能で「01売上」のみチェックをした場合、当たり前ですが売上金額のみが表示されてしまいます。

そこで、「**GETPIVOTDATA関数**」を利用します。この関数を利用すると、ピボットテーブルは「=A1」のように、ピボットテーブル内のセルの値を参照することができます。

ちなみにピボットテーブル内の数値を参照すると、自動的にGETPIVOT

DATA関数が挿入されるので、ピボットテーブル内の数字を参照する関数として覚える必要はありません。ただし、GETPIVOTDATA関数を有効活用するために関数の構造は覚えておくとよいでしょう。

それでは、具体的にGETPIVOTDATA関数の使い方を見ていくことにします。まず、図6-15のような部門ごとの「売上」「部門利益」「部門利益率」の表を作成してみます。

図6-15：部門ごとの「売上」「部門利益」「部門利益率」の表

以降の説明では「01 工事」部門のみに絞って、サンプルファイル「**第6章-02_GETPIVOTDATA関数**」を使って説明します。

シート「①」を開いてください。値を参照させたいセルを選択した状態で「＝」を入力し、値を参照したいセルを選択します。今回の場合、セルC3に工事部門の売上を表示させたいので、ピボットテーブル内のセルC10を選択します（**図6-16**）。

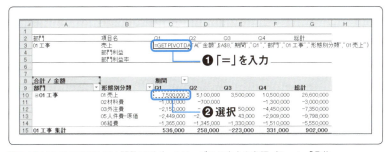

図6-16：GETPIVOTDATA関数でピボットテーブルの売上を参照（シート「②」）

すると、自動的に「=GETPIVOTDATA("金額",$A$8,"期間","Q1","部門","01工事","形態別分類","01売上")」と関数式が入ります。

長い関数なので見た瞬間に拒否反応が出そうですが、一つ一つ見ていけば難しい関数ではありません。

[**GETPIVOTDATA関数の内容**]

GETPIVOTDATA関数は、次のような関数式になります。

> 関数式
> GETPIVOTDATA(データフィールド, ピボットテーブル, [フィールド 1, アイテム 1, フィールド 2, アイテム 2], ...)

各項目について、1つずつ見ていきましょう。

● 「データフィールド」

「データフィールド」には、集計対象のフィールド名が設定されます。

「ピボットテーブル」には、集計対象を複数設定することができます。たとえば、図6-17のように値ボックスに「金額」と「勘定科目」を設定できます。

		期間	値	
		Q1		
部門	形態別分類	合計 / 金額	データの個数 / 勘定科目
⊟01 工事	01 売上	7,500,000	3
	02 材料費	-1,000,000	1
	03 外注費	-2,150,000	1
	05 人件費-原価	-2,449,000	11
	06 経費	-1,365,000	9
01 工事 集計		536,000	25

図6-17：値ボックスに「金額」と「勘定科目」を設定したピボットテーブル

この場合、参照したいのは「合計／金額」なのか「データの個数／勘定科目」なのかがわかるように、「データフィールド」を指定します。

補足しておくと、「データ個数／勘定科目」となるのは、「勘定科目」が数値ではなく、文字列であるためです。表の値は、データがいくつあるかの集計値です。

● 「ピボットテーブル」

「ピボットテーブル」には、ピボットテーブルが表示されている左上のセル番地が設定されます。

● 「フィールド1,アイテム1…」

「フィールド1,アイテム1…」には、条件にするフィールド名が設定されます。ここには、行ラベルや列ラベルに入るフィールド名の数だけ設定されます。

このピボットテーブルは行ラベルに「部門」、値「金額」、列ラベルは「なし」の集計表です。「902,000」を参照した際の「フィールド1,アイテム1」は「"部門","01工事"」となります（図6-18）。

部門	合計／金額
01工事	902,000
02派遣	1,510,000
03コールセンター	1,744,000
04商品販売	1,048,000
05管理部	-3,272,000
総計	1,932,000

図6-18：フィールドが1つ（部門）のピボットテーブル

列ラベルに「期間」を追加して「536,000」を参照した際の「フィールド1,アイテム1,フィールド2,アイテム2」は、「"期間","Q1","部門","01工事"」となります（図6-19）。

合計 / 金額	期間				
部門	Q1	Q2	Q3	Q4	総計
01 工事	536,000	258,000	-223,000	331,000	902,000
02 派遣	651,000	87,000	617,000	155,000	1,510,000
03 コールセンター	336,000	236,000	536,000	636,000	1,744,000
04 商品販売	80,000	121,000	58,000	789,000	1,048,000
05 管理部	-818,000	-818,000	-818,000	-818,000	-3,272,000
総計	785,000	-116,000	170,000	1,093,000	1,932,000

図6-19:フィールドが2つ(部門、期間)のピボットテーブル

このように「フィールド.アイテム」は集計するフィールドの位置を取得するために必要な情報になります。上記の場合だと行フィールドが「部門」の「01工事」に該当する、列フィールドが「期間」の「Q1」に該当する「金額」を参照するわけです。

[式の書き換え]

自動入力されたGETPIVOTDATA関数は、特定のアイテム名の集計値を表示しますが、このアイテム名を別のセルでも指定できるように式を書き換えます。

フィールド1「期間」のアイテム1は「Q1」です。

この「Q1」をセルC2の「Q1」と指定することができます。「Q2」はセルD2、「Q3」はセルE2、「Q4」はセルF2を参照したいので、「Q1」を「C2」に書き換えた際に複合参照C$2にしておくと、セルD2からF2まで貼り付けて利用できます。

自動入力された式
=GETPIVOTDATA("金額",$A$8,"期間","Q1","部門","01工事","形態別分類","01売上")

アイテム1を書き換えた式
=GETPIVOTDATA("金額",$A$8,"期間",C$2,"部門","01工事","形態別分類","01売上")

	A	B	C	D	E	F	G
1							
2	部門	項目名	Q1	Q2	Q3	Q4	総計
3	01工事	売上	7,500,000	5,100,000	3,500,000	10,500,000	
4		部門利益					
5		部門利益率					

図6-20：書き換えたセルC3の式を他セルに貼り付け（シート「④」）

　部門利益は集計から参照するので、セルC4の式は「=GETPIVOTDATA("金額",$A$8,"期間",C$2,"部門","01工事")」となります。
　先ほどの式に比べてフィールドが1つ少ないのは、「期間」と「部門」が一致する値を参照するので、「形態別分類」のアイテムを参照する必要がないからです。

	A	B	C	D	E	F	G
1							
2	部門	項目名	Q1	Q2	Q3	Q4	総計
3	01工事	売上	7,500,000	5,100,000	3,500,000	10,500,000	
4		部門利益	536,000	258,000	-223,000	331,000	
5		部門利益率					

図6-21：GETPIVOTDATA関数でピボットテーブルの部門利益を参照して書き換え（シート「⑤」）

　部門利益率は、「部門利益／売上」の数式で求められます。

	A	B	C	D	E	F	G
1							
2	部門	項目名	Q1	Q2	Q3	Q4	総計
3	01工事	売上	7,500,000	5,100,000	3,500,000	10,500,000	
4		部門利益	536,000	258,000	-223,000	331,000	
5		部門利益率	7.1%	5.1%	-6.4%	3.2%	

図6-22：部門利益を売上で割って部門利益率を計算（シート「⑥」）

	A	B	C	D	E	F	G
1							
2	部門	項目名	Q1	Q2	Q3	Q4	総計
3	01工事	売上	7,500,000	5,100,000	3,500,000	10,500,000	26,600,000
4		部門利益	536,000	258,000	-223,000	331,000	902,000
5		部門利益率	7.1%	5.1%	-6.4%	3.2%	3.4%

図6-23：総計の列を計算（シート「⑦」）

セルG3に関数式「=SUM(C3:F3)」を入力し、同じようにセルG4にも「=SUM(C4:F4)」と入力します。セルG5に「=G4/G3」と入力して、全体の部門利益率を求めます。

このようにピボットテーブルの集計値を参照して表を作成することで、ピボットテーブルで表現できる以上に多様な集計表を作成することが可能です。

一度集計表のフォーマットを作成してしまえば、以降はピボットテーブルの元データを更新していけば、集計表も自動更新されます。

注意点として、フィールドを折りたたんだり、抜いたりすると、ピボットテーブル内の集計値が参照できなくなります。

図6-24：ピボットテーブルの部門で折りたたんだ状態（シート「⑧」）

[**各種比較資料を作成する**]

GETPIVOTDATA関数を利用すれば比較資料の作成もできます。

サンプルファイル「**第6章-02_GETPIVOTDATA関数の資料例**」のシート「**比較資料**」を見てください。

シートには、あらかじめ予算数値は入力しておきます。実績と前期実績のピボットテーブルを用意しておいて、それぞれの欄に参照されるようにGETPIVOTDATA関数を利用して設定しておきます。

予算差異は「予算 − 実績」で計算し、前期比較差異は「実績 − 前期

実績」で計算します。

　稼働年度についてはデータを更新すればピボットテーブルが再集計されるので、スライサー機能を使い、期間を選択すれば集計表の中が自動的に切り替わります（図6-25で色がかかっているセル）。

部門	区分	予算	実績	予実差異	進捗率	前期実績	前期比較差異
01 工事	売上	25,860,000	26,600,000	740,000	102.9%	24,550,000	2,050,000
	部門利益	850,000	902,000	52,000	106.1%	620,000	282,000
	部門利益率	3.3%	3.4%			2.5%	
02 派遣	売上	30,610,000	26,600,000	−4,010,000	86.9%	24,550,000	2,050,000
	部門利益	1,410,000	1,510,000	100,000	107.1%	1,070,000	440,000
	部門利益率	4.6%	5.7%			4.4%	
03 コールセンター	売上	25,580,000	26,600,000	1,020,000	104.0%	24,550,000	2,050,000
	部門利益	1,910,000	1,744,000	−166,000	91.3%	1,300,000	444,000
	部門利益率	7.5%	6.6%			5.3%	
04 商品販売	売上	29,710,000	26,600,000	−3,110,000	89.5%	24,550,000	2,050,000
	部門利益	930,000	1,048,000	118,000	112.7%	770,000	278,000
	部門利益率	3.1%	3.9%			3.1%	
05 管理部	販管費	3,740,000	3,272,000	−468,000	87.5%	3,240,000	32,000
総計	売上	111,760,000	106,400,000	−5,360,000	95.2%	98,200,000	8,200,000
	部門利益	5,100,000	5,204,000	104,000	102.0%	3,760,000	1,444,000
	販管費	3,740,000	3,272,000	−468,000	87.5%	3,240,000	32,000
	営業利益	1,360,000	1,932,000			520,000	1,412,000
	営業利益率	1.2%	1.8%			0.5%	

図6-25：スライサー機能を使って期間を選択すれば集計表の中が自動的に切り替わる

　同じ期間を選択することで、前期比較表を作成することができます。一括選択する場合は Shift を押しながら、離れたものを選択する場合は Ctrl を押しながら選択します。

Section 03 ピボットテーブルを活用したグラフ作成

経理の資料に「グラフ」はつきものです。「グラフ」のよさはビジュアルの力で、見る人に「気付き」を与えるのに向いている点です。デメリットとしては、たくさんの情報を載せるとゴチャゴチャして見づらくなるという点です。そのためグラフはできる限りシンプルにしてください。

Excelにはさまざまなグラフが用意されているので、どれを使えばよいかと悩む方もいるのではないでしょうか。基本的に利用するグラフは、**棒グラフ**と**折れ線グラフ**だけ十分です。

[「縦棒グラフ」と「横棒グラフ」の使い分け]

「棒グラフ」には、**縦棒グラフ**と**横棒グラフ**があります。使い分けとしては、「縦棒グラフ」は毎月の売上などの推移を表現したい場合、「横棒グラフ」は得意先ごとの売上シェアといった比較を表現したい場合に向いています。

「グラフ」には縦軸と横軸があり、推移を表現したい場合は必ず横軸が推移になります。

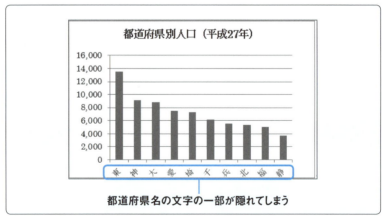

図6-26：縦棒グラフの場合

比較の表は、「縦棒グラフ」「横棒グラフ」どちらでもよいのですが、ラベルの名称が長い場合や多い場合に「縦棒グラフ」で表現するとグラフが窮屈になるので、調査結果などラベル名が長いものになる場合は、「横棒グラフ」が適しています。

[「折れ線グラフ」と「縦棒グラフ」の使い分け]

「折れ線グラフ」は「縦棒グラフ」と同様に、**「推移」を表現する**のに向いています。「縦棒グラフ」との使い分けは、「縦棒グラフ」は「同じもの」での比較に、「折れ線グラフ」は「似た概念」や「違う概念」での値と比較、率などの比較に向いている点です。

ちなみに「折れ線グラフ」でも「同じもの」を比較するのに使えますが、総量しか表現できません。それに対して「棒グラフ」は「積み上げグラフ」を利用することで、総量の内訳を表現することができます。

ピボットグラフ

ピボットテーブルからグラフを作成できる「**ピボットグラフ**」という機能があります。

グラフを作成するときに大変なのは、必要な表を用意することです。しかし、グラフのために表を作成するのではなく、データからピボットテーブルを作成しグラフを作成するほうが、データとグラフとの数値の整合性が担保されます。

このデータから簡単にグラフを作成することができる機能がピボットグラフです。サンプルファイル「**第6章-02_ピボットグラフ**」のシート「**ピボットグラフ①**」から順に説明していきます。

まず、ピボットテーブルのどこかを選択した状態で、[分析] タブの [ピボットグラフ] をクリックします。

次に、[積み上げ縦棒] を選択して [OK] をクリックします。

これで、ピボットグラフの完成です（図6-27）。

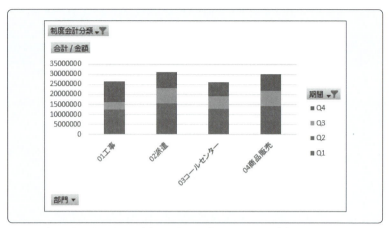

図6-27：部門別期間売上積み上げグラフ（シート「ピボットグラフ②」）

このままでは、それぞれの期間の金額の比較ができません。［デザイン］タブの［行/列の切り替え］をクリックし、期間比較が確認できるグラフに変更します（図6-28）。

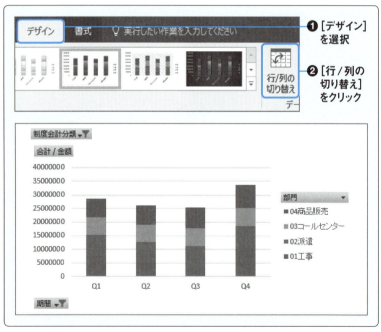

図6-28：期間推移部門売上積み上げグラフ（シート「ピボットグラフ③」）

これでもまだグラフとしては不十分です。四半期ごとの比較はできますが、期間推移を見ることができません。

そこで、累積のグラフに変更してみましょう。やり方は、ピボットテーブルの集計値を選択した状態で、［アプリケーション］キーもしくは Shift ＋ F10 でコンテキストメニューを開き、［計算の種類］→［累積］を選択します。

次に、「基準フィールド」から「期間」を選択します。

これで、期間推移を見ることができるグラフに変換できました（図6-29）。

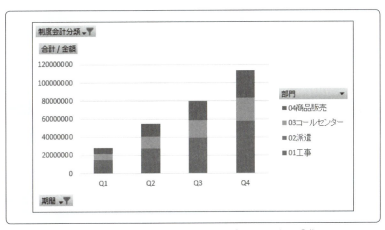

図6-29：累積売上期間推移部門積み上げグラフ（シート「ピボットグラフ④」）

二軸のグラフを作成する

サンプルファイル「**第6章-02_ピボットグラフ**」のシート「**予算二軸①**」から順に説明していきます。

少し工夫すれば、ピボットテーブルにない情報を加えてグラフを作成することも可能です。

まずはピボットテーブルをコピーして適当な場所に貼り付けます（図6-30）。

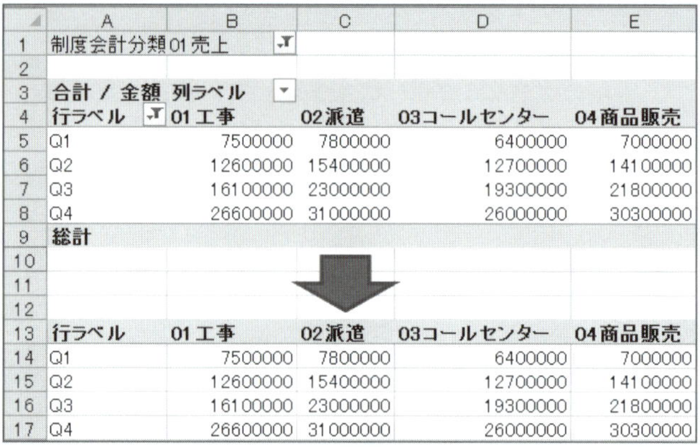

図6-30：ピボットテーブルをコピーして適当な場所に貼り付ける

　このまま利用してもよいのですが、ピボットテーブルが更新されたら自動更新されるようにGETPIVOTDATA関数を利用します。

　セルB14を選択した状態で、ピボットテーブル内のセルB5を選択すると、図6-31のようにGETPIVOTDATA関数が入力されます。

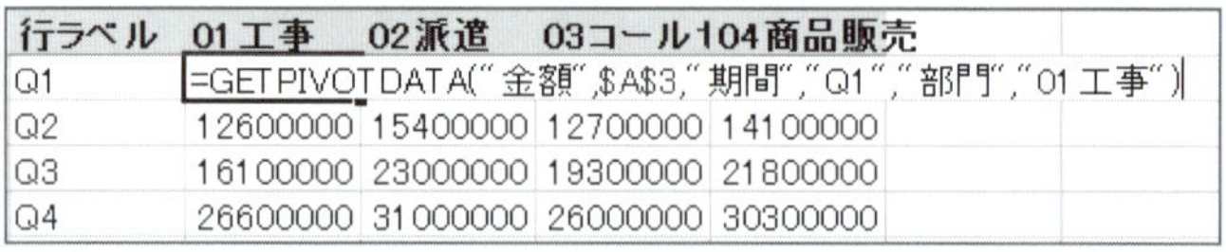

図6-31：GETPIVOTDATA関数でピボットテーブルの売上を参照（シート「予算二軸①」）

　「=GETPIVOTDATA("金額",$A$3,"期間","Q1","部門","01工事")」となっている関数を「=GETPIVOTDATA("金額",$A$3,"期間",$A14,"部門",B$13)」に書き換え、コピーしてB14からE17に貼り付けます。

[**予算比較の二軸のグラフ**]

　続いて、実績と予算を比較して、どのような進捗状態にあるのか確認できるグラフを作成します。年間の予算が「120,000,000」であるとした場合、四半期ごとで「30,000,000」進捗すべきと考えます。

先ほど作成した集計表に予算値を追加します（図6-32）。

行ラベル	01工事	02派遣	03コールセンター	04商品販売	予算
Q1	7500000	7800000	6400000	7000000	30,000,000
Q2	12600000	15400000	12700000	14100000	60,000,000
Q3	16100000	23000000	19300000	21800000	90,000,000
Q4	26600000	31000000	26000000	30300000	120,000,000

図6-32：予算値を追加した集計表（シート「予算二軸②」）

次に、［挿入］タブの［縦棒］で「積み上げ縦棒」を選択します。

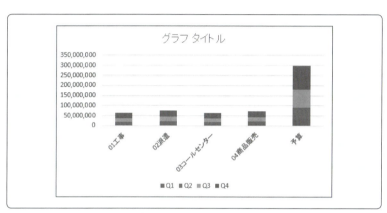

図6-33：部門別期間売上積み上げグラフ（シート「予算二軸③」）

「デザイン」タブの「行／列の切り替え」をクリックし、期間推移にします。

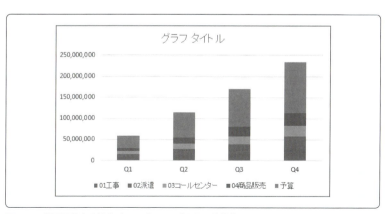

図6-34：期間累積売上推移グラフ（シート「予算二軸④」）

予算の棒部分を選択した状態で、右クリックでコンテキストメニューを表示して、［系列グラフの種類の変更］を選択します。

［グラフの種類の変更］のダイアログボックスが開くので、右下のボックスから［系列名］の「予算」のグラフの種類から「マーカー付き積み上げ折れ線」を選択します。

これで、どのような進捗状態にあるのか確認できるグラフが作成できました（図6-35）。このグラフを見ると、予算を示す折れ線グラフに棒グラフが達していないので、予算未達ということがわかります。

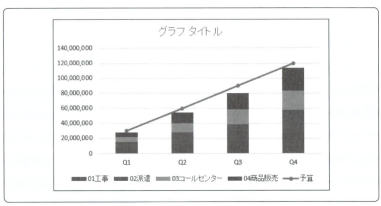

図6-35：期間累積売上推移と予算比較のグラフ（シート「予算二軸⑤」）

[営業利益率との二軸のグラフ]

会社としてどのような業績推移をしているのかを見る指標として、営業利益率があります。売上は順調に伸びていても、利益が減少してしまっていては大変です。売上と比較して営業利益率も把握できるグラフを作成してみましょう。

それぞれ別のピボットテーブルから集計値を参照して新しい集計表を作成し、グラフを作成します。

サンプルファイル「**第6章-02_ピボットグラフ**」のシート「**営業利益率①**」から順に説明していきます。

合計 / 金額	列ラベル				
行ラベル	01工事	02派遣	03コールセンター	04商品販売	総計
Q1	7500000	7800000	6400000	7000000	28700000
Q2	12600000	15400000	12700000	14100000	54800000
Q3	16100000	23000000	19300000	21800000	80200000
Q4	26600000	31000000	26000000	30300000	113900000

図6-36:「部門別売上推移表」のピボットテーブル

行ラベル	合計 / 金額
Q1	785000
Q2	669000
Q3	839000
Q4	1932000

図6-37:「営業利益推移表」のピボットテーブル

行ラベル	01工事	02派遣	03コールセンター	04商品販売	営業利益率
Q1	7,500,000	7,800,000	6,400,000	7,000,000	
Q2	12,600,000	15,400,000	12,700,000	14,100,000	
Q3	16,100,000	23,000,000	19,300,000	21,800,000	
Q4	26,600,000	31,000,000	26,000,000	30,300,000	

図6-38:新しく作成する集計表

図6-38の集計表に営業利益率を計算して反映させます。セルF12を選択した状態で、セルI5を選択し、「/」を入力してから、セルF5を選択します。この場合、次のような式になります。

=GETPIVOTDATA("金額",$H$4,"期間","Q1")/
GETPIVOTDATA("金額",$A$3,"期間","Q1")

これを書き換えます。

=GETPIVOTDATA("金額",$H$4,"期間",A12)/
GETPIVOTDATA("金額",$A$3,"期間",A12)

セルF12をコピーしてセルF13～F15まで貼り付けます（図6-39）。

図6-39：GETPIVOTDATA関数でピボットテーブルの数値を参照して営業利益率を計算（シート「営業利益率②」）

「縦棒グラフ」を作成します（図6-40）。

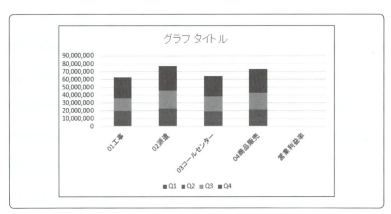

図6-40：部門別期間売上積み上げグラフ（シート「営業利益率二軸③」）

［デザイン］タブの［行/列の切り替え］で期間推移にします（図6-41）。

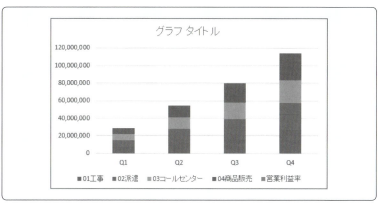

図6-41：期間推移部門売上積み上げグラフ（シート「営業利益率二軸④」）

「営業利益率」を二軸にしたいのですが、数値が少な過ぎて見えないため選択できません（図6-42）。そこで、棒グラフを移動する方法で「営業利益率」を選択する方法を紹介しましょう。

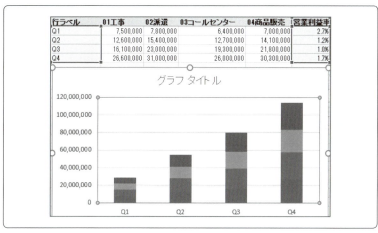

図6-42：数値が少な過ぎて「営業利益率」が見えない

　商品販売の数値である紫の棒を選択した状態で、Alt＋→を実行すると営業利益率に選択枠が移るので、右クリックでコンテキストメニューから[系列グラフの種類の変更]を選択します。
　「グラフの種類の変更」のダイアログボックスが開くので、右下のボッ

クスにある［系列名］の「営業利益率」のグラフの種類から「マーカー付き積み上げ折れ線」を選択し、第二軸にチェックを入れます。

これで「営業利益率」が二軸になりました（図6-43）。

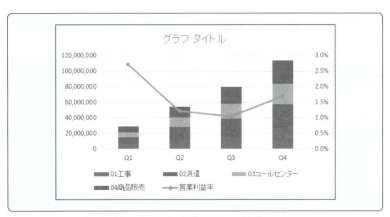

図6-43：累積売上期間推移部門積み上げと営業利益率の二軸グラフ
　　　　（シート「営業利益率二軸⑤」）

Section 04 集計表を扱う場合の印刷設定

資料の枚数はできるだけ少ないほうがベストです。理想をいえば**1ページに収め**、紙はA4縦かA3横がよいでしょう。A3横は半分に折りたたんだ際に、A4と同じ大きさになるので、調った資料になります。

複数ページになって紙をまたぐときも、内容はまたがないようにします。ただし、無理やり1ページ1枚に内容を収めようとすると見にくい資料になるので、どのように調整するか、順を追って説明します。

資料が1ページに収まるようにする

資料を1ページに収めて印刷するには、次のように行います。

まず、［ファイル］タブの［印刷］→［シートを1ページに印刷］を選択します（図6-44）。

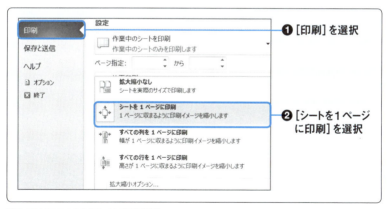

図6-45：行タイトルにしたい行を選択

注意が必要なのは、大きいサイズの表を1枚の用紙に印刷してしまうと、表の文字などが小さ過ぎて、読みにくいものになってしまう点です。

より紙を広く使うために、まず余白を調整してみましょう。余白は、既

定では大きく設定されているため、印刷してみると広過ぎると感じることがあります。特にほんの数行、または数列だけ2枚目の用紙に印刷される場合、余白を調整すれば表を縮小することなく1枚の用紙に収めることができます。

　余白の調整は印刷のBackstage画面で行います。設定方法には、いくつかパターンが予定されています。

　［ユーザー設定の余白］であれば、用意されている「狭い」設定よりもより広く余白を取ることが可能です。

複数ページにまたがる場合の設定

　資料は、1ページに収めるのが理想ですが、無理やり1ページに収めることで見にくい資料になるならば、あえて複数ページで印刷するようにします。

　その場合に行うべき設定方法を紹介します。

　まず注意点として、複数ページの資料になる場合も、［すべての列を1ページに印刷］か［すべての行を1ページに印刷］のどちらかになるようにしましょう。視線は1方向のみにしないと混乱してしまうからです。

　集計表が複数ページにまたがる場合は、2ページ目以降の表が何の表なのかわからなくならないように、［ページレイアウト］タブの［印刷タイトル］をクリックし、見出しがそれぞれのページに表示されるように設定しましょう。

　［ページ設定］のダイアログボックスで、［シート］タブの［タイトル行］の右端のアイコンをクリックします（図6-45）。

図6-45：「ページ設定」のダイアログボックス
　　　　※横に複数ページになる場合は、「タイトル列」で設定します

行タイトルにしたい行を選択して決定します（図6-46）。

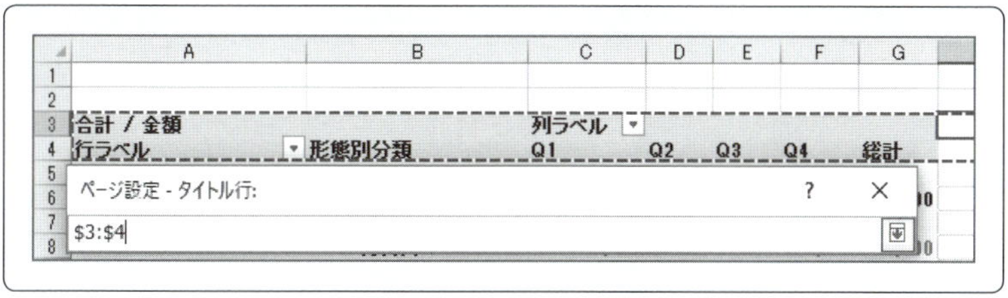

図6-46：行タイトルにしたい行を選択

[改ページ位置を印刷前に調整する]

　複数ページになる表を印刷すると、中途半端な位置で次のページに印刷される場合があります。表が読みづらく、間違いも起こりやすいので、これを防ぐためにちょうどよい行で改ページを設定します。

　やり方は、次のとおりです。

　［表示］タブの［改ページプレビュー］をクリックし、画面の表示モードを切り替えます。

　改ページを入れたい行の下セルを選択した状態で、［ページレイアウト］タブの［改ページ］→［改ページの挿入］を選択します。

　すると、選択したセルの上で改ページが入ります。

　なお、［改ページプレビュー］画面の場合、改ページの位置を示す青い枠線をドラッグして、改ページを移動させて設定することができます。

画像として貼り付ける

　図6-47のように、1つの資料に複数の集計表を記載したい場合や、それぞれの集計表での集計項目が異なる場合、集計表を縦に表示させた場合、どちらかの列幅に影響されて行ラベルが崩れてしまう場合があります。

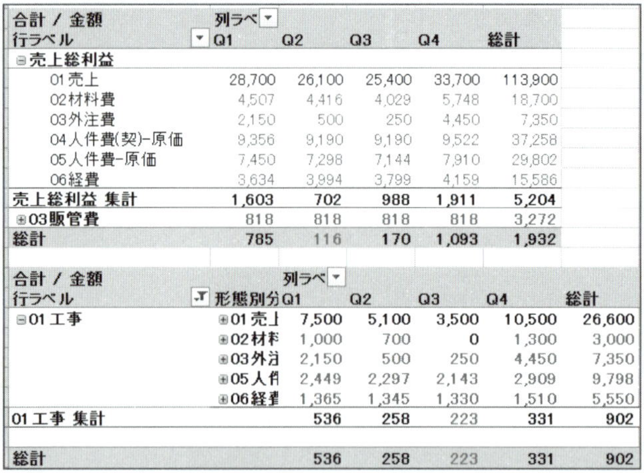

合計 / 金額	列ラベ				
行ラベル	Q1	Q2	Q3	Q4	総計
⊟売上総利益					
01売上	28,700	26,100	25,400	33,700	113,900
02材料費	4,507	4,416	4,029	5,748	18,700
03外注費	2,150	500	250	4,450	7,350
04人件費(契)-原価	9,356	9,190	9,190	9,522	37,258
05人件費-原価	7,450	7,298	7,144	7,910	29,802
06経費	3,634	3,994	3,799	4,159	15,586
売上総利益 集計	1,603	702	988	1,911	5,204
⊞03販管費	818	818	818	818	3,272
総計	785	116	170	1,093	1,932

合計 / 金額		列ラベ				
行ラベル	形態別分	Q1	Q2	Q3	Q4	総計
⊟01 工事	⊞01 売上	7,500	5,100	3,500	10,500	26,600
	⊞02 材料	1,000	700	0	1,300	3,000
	⊞03 外注	2,150	500	250	4,450	7,350
	⊞05 人件	2,449	2,297	2,143	2,909	9,798
	⊞06 経費	1,365	1,345	1,330	1,510	5,550
01 工事 集計		536	258	223	331	902
総計		536	258	223	331	902

図6-47：行ラベルが崩れている集計表

※形態別分類の部分が狭くなってしまい、一部隠れてしまっています

それを防ぐために、画像として貼り付ける方法が有効です。表をコピーして貼り付ける際に［アプリケーション］キーもしくは Shift ＋ F10 でコンテキストメニューを開き、［形式を選択して貼り付け］→［リンクされた図］を選択します。

これにより、形態別分類も問題なく表示されます（図6-48）。

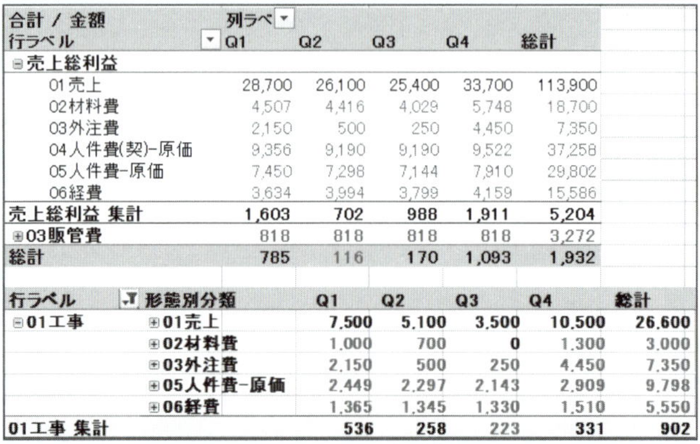

合計 / 金額	列ラベ				
行ラベル	Q1	Q2	Q3	Q4	総計
⊟売上総利益					
01売上	28,700	26,100	25,400	33,700	113,900
02材料費	4,507	4,416	4,029	5,748	18,700
03外注費	2,150	500	250	4,450	7,350
04人件費(契)-原価	9,356	9,190	9,190	9,522	37,258
05人件費-原価	7,450	7,298	7,144	7,910	29,802
06経費	3,634	3,994	3,799	4,159	15,586
売上総利益 集計	1,603	702	988	1,911	5,204
⊞03販管費	818	818	818	818	3,272
総計	785	116	170	1,093	1,932

行ラベル	形態別分類	Q1	Q2	Q3	Q4	総計
⊟01工事	⊞01売上	7,500	5,100	3,500	10,500	26,600
	⊞02材料費	1,000	700	0	1,300	3,000
	⊞03外注費	2,150	500	250	4,450	7,350
	⊞05人件費-原価	2,449	2,297	2,143	2,909	9,798
	⊞06経費	1,365	1,345	1,330	1,510	5,550
01工事 集計		536	258	223	331	902

図6-48：形態別分類も問題なく表示されている

※コピー元の集計表が変更になった場合、自動的に数字が変更されます

Chapter 07

情報処理スキル
~業務効率アップのテクニック~

経理なら押さえておきたい関数やコマンド、
そして活用方法についてまとめて紹介します。
ここまでの章の中で取り上げているものもありますが、
理解が深まるように丁寧に説明しています。

Section 01 ショートカットキーの活用で業務効率UP

ショートカットキーとは、キーボードを使ってパソコンの操作を簡単に行うための機能のことです。Excelでの代表的なショートカットキーといえば、「コピー（Ctrl + C）」「貼り付け（Ctrl + V）」があります。

よく使う機能はすべてショートカットキーで操作できるようになれば、仕事のスピードは格段に速くなります。業務効率をUPさせるには、ショートカットキーを利用した操作習得は必須です。

ショートカットキーを効果的に使うために、まずは押さえておきたいポイントを紹介しておきましょう。

マウスは使わない

ショートカットキーを習得する一番の近道は、「**マウスを使わない**」ことです。最初はもどかしいと思いますが、キーボードだけしか使えないとなると、「ショートカットキー」を使わざるを得なくなります。その状態がスキル習得を飛躍的に向上させます。

3つの修飾キーを知っておく

ショートカットキーは多くの場合、複数キーを同時にタッチすることで実行されます。その中で主に利用するのが次の3つのキーです。

- Ctrl：コントロールキー
- Alt：オルトキー
- Shift：シフトキー

これらは修飾キーと呼ばれ、他のキーの入力文字や機能を変えるため

に併用するキーです。それぞれの場所も押さえておきましょう（図7-1）。

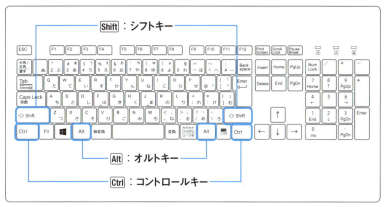

図7-1：覚えておきたい修飾キー

Altキーの役割について

「タブ」や「リボン」のコマンドをショートカットキーで利用する場合は、「Alt＋○○キー」で利用します。通常の状態では表示されませんが、Altキーを押すと「タブ」に「H」などの英字が表示されます（図7-2）。

図7-2：Altキーを押すと「タブ」に英字が表示される

図7-2で「Alt＋○○キー」を実行すると「リボン」に英数字が表示されるので、利用したいコマンドの英数字をキータッチすると実行されます（図7-3）。

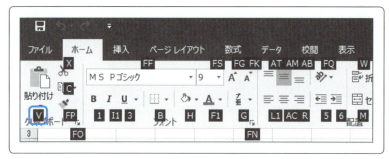

図7-3:「Alt +○○キー」を実行すると「リボン」に英数字が表示される

たとえば、貼り付けを行うための処理を「ホーム（Alt + H）」→「貼り付け（V）」で実行します。

アプリケーションキー（右クリックキー）

右クリックすると「**コンテキストメニュー**」が表示されます。メニューの横に表示されているアルファベットがショートカットのためのキーとなります。キーの右側に（…）があるものは実行するとダイアログボックスが開きます（図7-4）。

同じ操作がキーボードでも可能です。

1つは、キーボードの右下にある「メニューとマウスカーソル」のマークが刻印されているキー📄です。別名「右クリックキー」といいます。ただキーボードによってはこのキー自体がない場合があります。

このときには、ショートカットキー「Shift + F10」でも同じ操作となります。

ただ右クリックキーのほうがラクなので、キーボードに付いているのであれば、そちらを使うようにしましょう。

とりあえず操作に困ったら「コンテキストメニュー」を表示させてみてください。必要としているメニューがその中にあることが多いです。

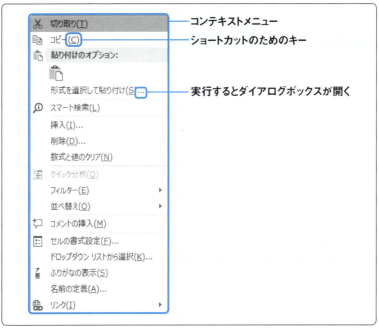

図7-4:コンテキストメニュー

ファンクションキー

「**ファンクションキー**(以下「Fnキー」)」と呼ばれる[F○(○の中は数字)]のキーも押さえておきたいキーの1つです。

「Fnキー」には初期設定されているメニューがあります。「Fnキー」は、[Ctrl]、[Alt]、[Shift]各種キーと違い、それ単体でもメニューが実行されます。もちろん[Ctrl]、[Alt]、[Shift]と組み合わせて異なるメニューを実行することもできます。

覚えておくと便利なおすすめのショートカットキー一覧

Excel操作をすばやくやるならショートカットキーの利用は必須です。表7-1のショートカットキーはぜひ覚えてください。

表7-1：覚えておきたいショートカットキー

分　類	ショートカットキー	操作内容
特に利用頻度の高い操作	Ctrl + C	コピー
	Ctrl + X	切り取り
	Ctrl + V	貼り付け
	Ctrl + Alt + V	［形式を選択して貼り付け］ダイアログボックスを開く
	Ctrl + Z	元に戻す
	Esc	セルまたは数式バーの入力を取り消す
	F2	アクティブセルを編集し、セルの内容の末尾にカーソルを移動する
	Shift + F2	セルのコメントを追加または編集する
	Ctrl + F1	リボンの表示と非表示を切り替える
	コンテキストキー	選択しているアイテムのショートカットメニューを表示する
	Shift + F10	ショートカットメニューを表示する
	Ctrl + S	スプレッドシートを保存する
	F12	［名前を付けて保存］ダイアログボックスを開く
	Ctrl + 1	［セルの書式設定］ダイアログボックスを開く
	Ctrl + F	［検索］ダイアログボックスを開く
	Ctrl + H	［置換］ダイアログボックスを開く
	Ctrl + G	［ジャンプ］ダイアログボックスを開く
	Ctrl + P	［印刷］Backstageビューを開く
	Ctrl + Shift + 正符号（+）	［挿入］ダイアログを開いて、空白セルを挿入する
	Ctrl + 負符号（−）	［削除］ダイアログボックスを開いて、選択したセルを削除する

分　類	ショートカットキー	操作内容
行や列に対する操作	Ctrl + 9	選択した行を非表示にする
	Ctrl + Shift + 9	選択範囲内で非表示の行を再表示する
	Ctrl + 0	選択した列を非表示にする
セル移動やセル選択の操作	Ctrl + 方向キー	ワークシート内の現在のデータ領域の先頭行、末尾行、左端列、または右端列に移動する
	Ctrl + A	ワークシート全体を選択する
	Shift + 方向キー	選択範囲を1セルずつ上下左右に拡張する
	Ctrl + Shift + 方向キー	アクティブセルと同じ行または列にある空白以外の最後のセルまで選択する。次のセルが空白の場合、次の空白以外のセルまで拡張する
	Ctrl + Home	ワークシートの先頭に移動する
	Ctrl + Page Down	タブを右から左に切り替える ブック内で右から左のシートに切り替える
	Ctrl + Page Up	タブを左から右に切り替える ブック内で左から右のシートに切り替える
知っておきたい操作	F9	開いているブックのすべてのワークシートを再計算する
	Shift + F11	新しいワークシートを挿入する
	Ctrl + Shift + @	ワークシートのセルの値と数式の表示を切り替える
	Alt + F	［ファイル］ページを開き、Backstageビューを使用する
	Ctrl + F4	選択したブックウィンドウを閉じる
	Alt + F4	Excelを終了する

Chapter 07 情報処理スキル 〜業務効率アップのテクニック〜

Section 02 よく利用するメニュー機能はクイックアクセスツールバーに追加

よく利用するメニュー機能は、「**クイックアクセスツールバー**」に追加すると「Alt＋数字キー」で利用できるようになります。

Excelのメニューをショートカットキーで利用する場合、キー操作が2回になりますが、「クイックアクセスツールバー」に登録したメニューは、1回だけの操作で利用できるようになります。

クイックアクセスツールバーへの追加方法

追加したいメニューにマウスを合わせた状態で「右クリック」し、表示されたメニューの［クイックアクセスツールバーに追加］を選択すると、クイックアクセスツールバーに追加されます（図7-5）。

図7-5：クイックアクセスツールバーに追加された

リボンにないコマンドを追加する場合は、「**ユーザー設定**」で登録します。ここでは、クイックアクセスツールバーに「シートの削除」と「シート名の変更」を追加したいと思います。

はじめに、クイックアクセスツールバーにある▼をクリックしてメ

ニューを開き、[その他のコマンド]を選択し、Excelの設定オプションを開きます（図7-6）。

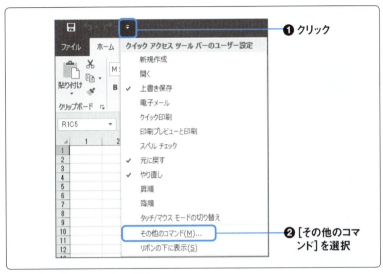

図7-6：[その他のコマンド]を実行

コマンド選択から[すべてのコマンド]を選択します。

「記号」「アルファベット」「ひらがな・カタカナ」「漢字」の五十音順になっているので、その中の[シートの削除]と[シート名の変更]を追加しましょう（図7-7）。

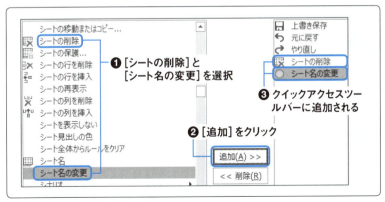

図7-7：[シートの削除]と[シート名の変更]を追加する

[**クイックアクセスツールバーからの削除方法**]

　設定されているコマンドを削除するには、コマンドアイコンを右クリックすると表示されるコマンドから［クイックアクセスツールバーから削除］を選択します。

追加するコマンドの選択基準

　「クイックアクセスツールバー」にはたくさんのコマンドが追加できます。どのコマンドを追加するのがよいかというと、まずは多用するコマンドであることです。

　多用する中でも、**1回のショートカットキーでは操作できない機能**を追加するようにします。たとえばコピーであれば、「Ctrl＋C」の1回で操作できるので、もともと手間がかかりません。

　しかし、「Alt＋○○キー」でリボンを掘り進んでいかないとたどり着けない機能があります。たとえば、「オブジェクトの選択」はショートカットキーで操作しようと思うと、Alt＋H→［検索と選択］→［オブジェクトの選択］とキー操作が5回（AltとH、［検索と選択］と［オブジェクトの選択］は別操作として扱う）必要となります。

　このような機能はクイックアクセスツールバーに追加したほうが便利です。そうすれば、「Alt＋○キー」もしくは「Alt＋○○キー」と2回か3回かのキータッチで操作することができます。

　なお、1回で操作できるコマンドかどうかは、簡単に知ることができます。やり方は、コマンドの上にマウスポインターを当てるだけです。1回で操作できるコマンドだった場合、図7-8のように、少しするとメッセージが表示されます。表示されている「太字（Ctrl＋B）」がショートカットキーです。

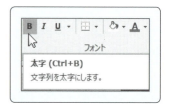

図7-8：ショートカットキーのメッセージ

一方、1回では操作できないときには、コマンドが表示されません。

クイックアクセスツールバーには、このようにショートカットキーが表示されないコマンドを追加するようにしましょう。

なお、「クイックアクセスツールバー」には、デフォルトの状態だと、［上書き保存］［元に戻す］［やり直し］の3つが設定されています。しかし、［上書き保存］は Ctrl + S 、［元に戻す］は Ctrl + Z 、［やり直し］は Ctrl + Y と、いずれもショートカットキーで操作できるコマンドのため、「クイックアクセスツールバー」に設定する必要はありません。

[「クイックアクセスツールバー」の編集]

「クイックアクセスツールバー」に追加したが、実際に使っていると利用頻度が低いなと思うものも出てきます。このときには、表示する順番を変えましょう。

先ほどリボンにないコマンドを追加した際と同じように、［ユーザー設定］から［その他のコマンド］を選択します。

移動させたいコマンドを選択した状態で、右側の矢印でコマンドを使いやすい場所に移動させます（図7-9）。

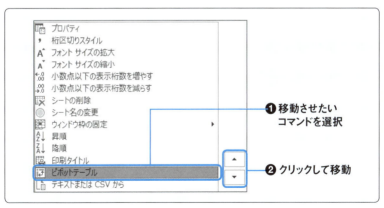

図7-9：矢印でコマンドを使いやすい場所に移動させる

Section 03 保存せずに閉じてしまったファイルを復元する便利な機能

こまめに保存されるように設定しよう

「少し前のデータを復元して使いたい」
「間違ってファイルを保存せずに終了してしまった」
「ファイルが勝手に閉じてしまった」

　このような経験をしたことがある人は多いのではないのではないでしょうか？　今までやっていたものをいちからやり直すというのは、いつも以上に労力が必要です。そういった不運に見舞われないように、また見舞われた場合に復旧できるようなExcelの機能を知っておきましょう。**万が一トラブルが発生したとしても、被害を最小限に抑えることができます。**

①自動保存の設定をする
　まず、［ファイル］タブを開き、［オプション］→［保存］を選択します。

②保存のメニューを選択して保存の設定を行う
　［次の間隔で自動回復用データを保存する］にチェックが入っているのを確認し、時間を「1」分ごとにします。［保存しないで終了する場合、最後に自動保存されたバージョンを残す］にチェックを入れます（図7-10）。

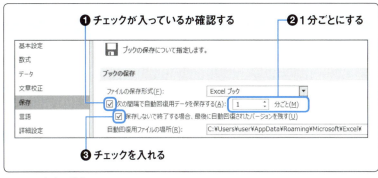

図7-10：保存の設定

データを復元するには？

［ファイル］タブの［情報］を開き、［ブックの管理］を見ながら以下の解説を読んでください（※Office 2016以前は「バージョンの管理」という名称です）。

[自動保存データを復元する方法]

データが自動保存されているが、少し前のデータに戻したいといった場合に使える機能です。バージョンに自動保存されたデータが表示されているので、復元したいデータを選択します。データの自動保存間隔は1分ですが、変更を加えない場合は自動保存されません。選択した自動保存されたExcelが開きます。

図7-11：自動保存データの復元

[**保存せずに終了してしまった場合の復元方法**]

保存せずに終了（たとえばExcel右上の×ボタンで閉じる）する操作をした場合、「[保存しない]をクリックした場合でも、このファイルの最新のコピーが一時的に保存されます」というメッセージが表示されます。

［ブックの管理］の［保存されていないブックの回復］から保存しないで終了したデータを選択します。

保存しないで終了したExcelが復元されます。

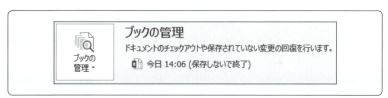

図7-12：保存せずに終了したデータの復元

[**一度も保存したことがないファイルの復元方法**]

先ほどのバージョン情報は一度でも名前を付けて保存したファイルが対象です。一度も保存したことがないファイルも回復することが可能です。

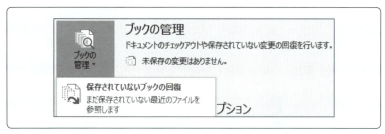

図7-13：保存されていないファイルの回復

回復の手順は、［バージョン管理］を選択し、［保存されていないブックの回復］を選択します。［ファイルを開く］のダイアログボックスが開き、復元できるファイルが保存されています。

Section 04 さまざまな貼り付けの方法と使い分け

経理業務では、セルをコピーして利用することがしばしばあります。しかし、数式の結果としての値を利用したいのに、数式が貼り付けられ思わぬ値が表示されてしまうことがあります。

こんなときに利用したい機能が「**形式を指定して貼り付け**」です。数式の結果を「値」で貼り付けたり、コピーした値を貼り付け先に加算したりするなど、さまざまな形式で貼り付けることができます。また図として貼り付ける方法は、資料作成で大変有効です。

「値」で貼り付ける

図7-14のような取引台帳があるとします。

図7-14：取引台帳

「取引額」のセルF2には、「数量」×「単価」の計算式である「=D2＊E2」が入力されています（図7-15）。

図7-15：「取引額」には「=D2＊E2」が入力されている

F2をコピーして他のセル、たとえばG2に貼り付けた場合、計算式がそのまま貼り付けられるので、「=E2＊F2」となり、計算結果は「200,000」

となります（図7-16）。

	A	B	C	D	E	F	G
1	取引日	商品名	性別	数量	単価	取引額	
2	1月1日	大根	男	5	200	1,000	=E2*F2

図7-16：F2をコピーして他のセルに貼り付けると「＝E2＊F2」となる

　これは関数式での参照方法が「相対参照」（次節参照）であるため、貼り付けたセルに合わせて参照先が変わってしまうためです。

　計算式を利用したい場合は、ただコピーして貼り付けるだけでよいですが、「1,000」という計算結果の金額である値を貼り付けたい場合には、この方法は使えません。このときには、形式を「値」に指定して貼り付けます。

　Ctrl + C でコピーし、Ctrl + Alt + V で「形式を選んで貼り付ける」のダイアログボックスが呼び出されるので、V で「値」にチェックを入れて、[OK]で貼り付けます。

　「形式を選んで貼り付ける」のダイアログボックスを呼び出すショートカットキーは、貼り付けのショートカットキー「Ctrl + V」に「Alt」が加わると覚えてください。

演算貼り付け

　もし単価を100円値上げした場合、取引額はいくらになるかを見たい場合、次のようなやり方で単価にまとめて100円を足すことができます。

　適当なセルに「100」と入力してコピーします（図7-17）。

	A	B	C	D	E	F	G
1	取引日	商品名	性別	数量	単価	取引額	100
2	1月1日	大根	男	5	200	1,000	
3	1月1日	にんじん	女	6	150	900	
4	1月2日	トマト	女	10	300	3,000	

図7-17：単価を100円値上げしたい場合

加算したい項目を選択します。今回はすべての単価を選択しました（図7-18）。

図7-18：すべての単価を選択

[Ctrl]＋[Alt]＋[V]で［形式を選んで貼り付ける］ダイアログボックスを表示し、［加算］と［値］にチェックを入れて実行します。

単価が変わり、合わせて取引額も変わりました（図7-19）。

図7-19：単価が変わり、合わせて取引額も変わった

今回の場合、純額に100を足しましたが、計算式に対して100を足すとどのようになるのかも確認しておきましょう。

図7-20を見ると、数式で＋100されているのがわかります。

図7-20：数式で＋100されている

行列を入れ替える

　会計ソフトに取り込むデータは1列目に「日付」、2列目に「伝票番号」といった具合に決まっています。1データが5列くらいなら行並びでよいですが、10列20列となると1画面で収まりきらず確認するのが手間です。

　そこで、行並びから列並びに替えてやると確認がしやすくなります。これは、会計ソフトに取り込むデータの定義を確認する際などに便利です。

　行並びのデータをコピーし、列並びに貼り付けたい先頭のセルを選択します（図7-21）。

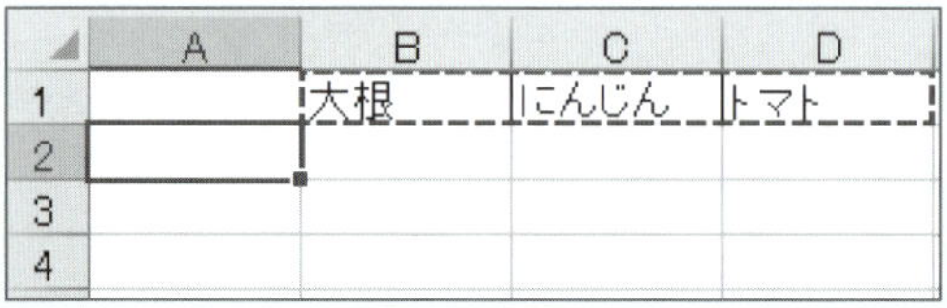

図7-21：行並びデータをコピーする

　[Ctrl]＋[Alt]＋[V]で［形式を選択して貼り付け］ダイアログボックスを呼び出して、［行列を入れ替える］にチェックを入れて、［OK］で貼り付けます。縦に貼り付けられました（図7-22）。

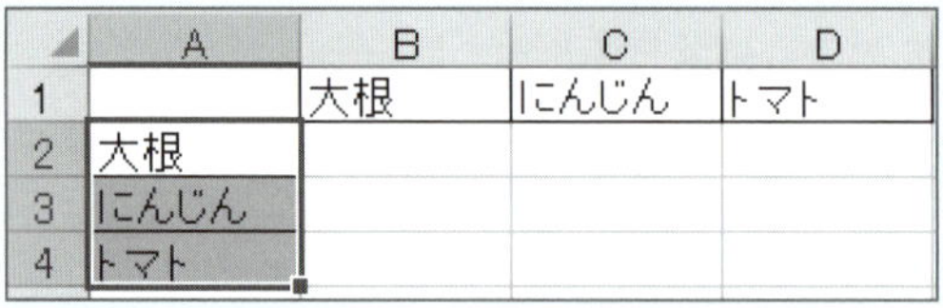

図7-22：行並びから列並びに替わった

図として貼り付け

1つのシート上に複数の集計表を作成した場合、同列上にある集計表のセル幅に影響されるため、種類の異なる集計表を1枚の紙にまとめるのは難しいです。しかし**イメージとして貼り付け**れば、大きさを自由に変えられるので、セル幅に影響されることなく資料に使うことができます。たとえば複数のピボットテーブルを利用して資料を作成する場合、同列に表示するとレイアウトが崩れるので、図で貼り付ける方法が大変有効です（図7-23）。

H	I	J	K
合計 / 取引額		列ラベル ▼	
行ラベル	▼	男	女
大根		5400	400
きゅうり		2600	1000
にんじん		3450	900
トマト		2100	7800
総計		**13550**	**10100**

図7-23：画像にして資料内に貼り付ける

「形式を選択して貼り付ける」方法の選択

私は「形式を選択して貼り付ける」場合、ダイアログボックスを呼び出す方法をおすすめしています。

「形式を選択して貼り付ける」方法には右クリックすると出てくるショートカットメニューのアイコンから選択する方法がありますが、アイコンが何を意味するのかがわかりづらいのと、操作名の後ろにあるショートカットキーになるアルファベットが見えないため、使いづらいからです。アイコンにマウスを当てると何がショートカットキーか表示されますが、いちいち確認するのは手間です。

よってダイアログボックスにない［図］と［リンク図］を利用したい場合のみ、ショートカットメニューで操作するようにしましょう。

Section 05 相対参照と絶対参照と複合参照

ここでは、Excelを使うなら理解しておきたい「**相対参照**」と「**絶対参照**」、そして「**複合参照**」について解説します。

第6章でピボットテーブルから別の集計表を作成するという内容を紹介しました。その際に必要な知識が複合参照です。複合参照を使いこなせば、より柔軟な集計表の作成が可能になります。

「相対参照」「絶対参照」「複合参照」とは？

「相対参照」「絶対参照」「複合参照」それぞれの意味は、表7-2のとおりです。

表7-2：「相対参照」「絶対参照」「複合参照」の内容

相対参照	・通常、数式を入力した状態は相対参照 ・数式が入力されたセルをコピーした場合、自動的に参照するセルが変更される
絶対参照	・参照するセル番地を固定する参照方式のこと ・数式をコピーして貼り付けても参照するセル番地は変わらない
複合参照	・相対参照と絶対参照が混じった参照方式のこと ・行か列かのどちらかが絶対参照になる

覚えておきたい1つのポイント

言葉だけではわかりづらいので、それぞれExcelを使って説明します。はじめに押さえておいてほしいポイントと、参照方法の切り替え方法について紹介しておきます。

絶対参照する値には「$」が付きます（図7-24）。「右側の値を絶対参照している」と覚えてください。

図7-24：絶対参照する値には「$」が付く

参照方式の切り替えは、たとえばセルに「＝B1」と入力した状態で F4 を押すと、押した回数に応じて絶対参照される値が変わります（図7-25）。

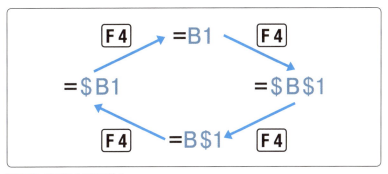

図7-25：参照方式の切り替え

「相対参照」「絶対参照」「複合参照」について

A1からE2までのセルに、1から10までの数値が入ったExcelがあります。これをA4からE5に参照するという方法で説明します。

[相対参照]

セルA4の参照先を「A1」とする式（「＝A1」）を入力します。通常の入力です。

セルA4をコピーしてA4からE5を選択して貼り付けます（図7-26）。

	A	B	C	D	E
1	1	2	3	4	5
2	6	7	8	9	10
3					
4	1	2	3	4	5
5	6	7	8	9	10

図7-26：セルA4をコピーしてA4からE5を選択して貼り付ける

A1からE2までをそのままコピーしたものになります。全部の式を見てみましょう（図7-27）。

	A	B	C	D	E
1	1	2	3	4	5
2	6	7	8	9	10
3					
4	=A1	=B1	=C1	=D1	=E1
5	=A2	=B2	=C2	=D2	=E2

図7-27：A1からE2までをそのままコピーしたもの

つまり、A1の式は「3行上の行を参照する」となります。A1の式をコピーして他のセルに貼り付けた場合、他のセルも「3行上の行を参照する」という式が入っているわけです。

[絶対参照]

数式をコピーして貼り付けても参照するセル番地は変わりません。セルA4の参照先を「A1」とする式を入力し、F4を1回押して絶対参照にします（図7-28）。

	A	B	C	D	E
1	1	2	3	4	5
2	6	7	8	9	10
3					
4	=$A$1				
5					

図7-28：セルA4の参照先を「A1」とする式を入力する

セルA4をコピーしてA4からE5を選択して貼り付けます（図7-29）。すべてA1を参照しているものになっています。

	A	B	C	D	E
1	1	2	3	4	5
2	6	7	8	9	10
3					
4	1	1	1	1	1
5	1	1	1	1	1

図7-29：セルA4をコピーしてA4からE5を選択して貼り付ける

[複合参照]

前述したように、複合参照は、行か列かのどちらかが絶対参照になります。それぞれについて、詳しく見ていきましょう。

●行のみ絶対参照

セルA4の参照先を「A1」とする式を入力し、F4を2回押して行を絶対参照にします（図7-30）。

	A	B	C	D	E
1	1	2	3	4	5
2	6	7	8	9	10
3					
4	=A$1				
5					

図7-30：セルA4の参照先を「A1」とする

セルA4をコピーしてA4からE5を選択して貼り付けます（図7-31）。

	A	B	C	D	E
1	1	2	3	4	5
2	6	7	8	9	10
3					
4	1	2	3	4	5
5	1	2	3	4	5

図7-31：セルA4をコピーしてA4からE5を選択して貼り付ける

　1行目のみ絶対参照されているので、4行目から1段下の5行目も1行目を参照したものになっています。

● 列のみ絶対参照

　セルA4の参照先を「A1」とする式を入力し、F4を3回押して列を絶対参照にします（図7-32）。

	A	B	C	D	E
1	1	2	3	4	5
2	6	7	8	9	10
3					
4	=$A1				
5					

図7-32：セルA4の参照先を「A1」とする式を入力する

セルA4をコピーしてA4からE5を選択して貼り付けます（図7-33）。

	A	B	C	D	E
1	1	2	3	4	5
2	6	7	8	9	10
3					
4	1	1	1	1	1
5	6	6	6	6	6

図7-33：セルA4をコピーしてA4からE5を選択して貼り付ける

　A列のみ絶対参照されているので、A列より右側の列も常にA列を参照したものになっています。

「複合参照」をマスターするための演習

図7-34のような図があります。

	A	B	C	D	E
1		2	4	6	8
2	3				
3	5				
4	7				
5	9				

図7-34：「複合参照」の演習図

図7-35になるように計算式を入力してください。

	A	B	C	D	E
1		2	4	6	8
2	3	6	12	18	24
3	5	10	20	30	40
4	7	14	28	42	56
5	9	18	36	54	72

図7-35：クロスする部分を掛けた図

それでは、作成の仕方を見ていきましょう。

まずセルB2から入力しましょう。「＝B1*A2」つまり「＝2*3」なので、「6」となります（図7-36）。

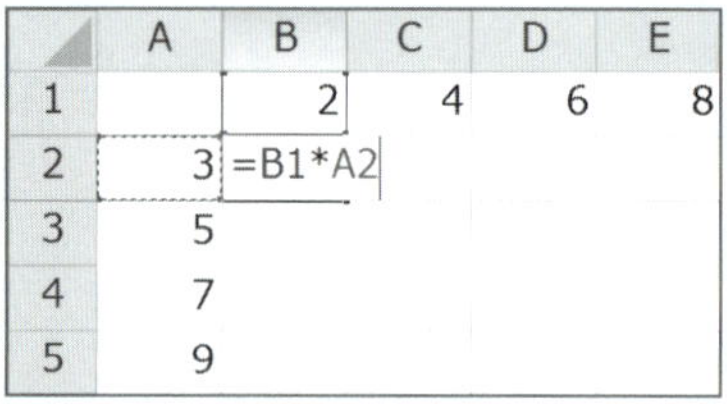

図7-36：セルB2へ入力

セルB2の式をコピーして「B3」に貼り付けた場合、「＝B2*A3」と1行ずつ行が下がります（図7-37）。

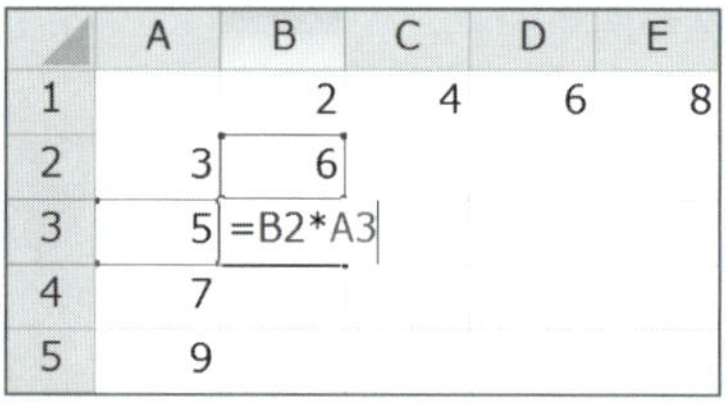

図7-37：1行ずつ行が下がる

「C2」に貼り付けた場合、「＝C1*B2」と1列ずつ右に移動します（図7-38）。

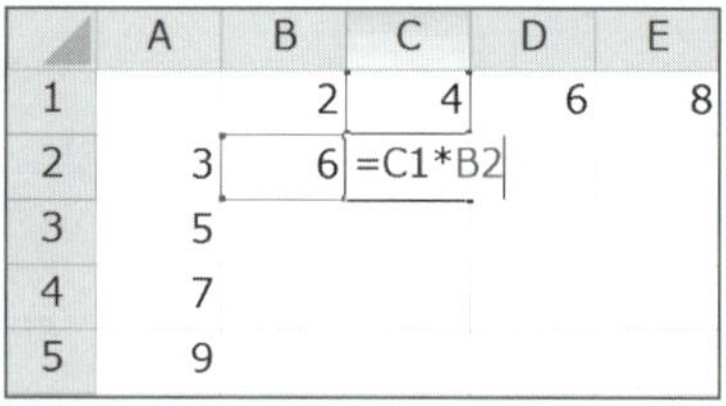

図7-38：1列ずつ右に移動する

E5まで式を貼り付けた場合、図7-39のようになります。

	A	B	C	D	E
1		2	4	6	8
2	3	6	24	144	1152
3	5	30	720	103680	119439360
4	7	210	151200	15676416000	1.87238E+18
5	9	1890	285768000	4.47982E+18	8.38793E+36

図7-39：E5まで式を貼り付けた場合

このようにならないように行は1行目を絶対参照に、列はA列を絶対参照にします。

行を固定するので「B1」だけ選択してF4を2回押して、「B$1」とします（図7-40）。

	A	B	C	D	E
1		2	4	6	8
2	3	=B$1*A2			
3	5				
4	7				
5	9				

図7-40：「B$1」となるようにする

そうするとセルB2の式をコピーしてセルB3に貼り付けても、「B1」は参照されたままになっています（図7-41）。

	A	B	C	D	E
1		2	4	6	8
2	3	6			
3	5	=B$1*A3			
4	7				
5	9				

図7-41：「B1」は参照されたままになっている

セルB2の式をコピーしてセルB3〜B5に貼り付けます（図7-42）。

	A	B	C	D	E
1		2	4	6	8
2	3	6			
3	5	10			
4	7	14			
5	9	18			

図7-42：セルB2の式をコピーしてセルB3〜B5に貼り付ける

　B列の掛け算の値は正常に計算されました。

　次にA列を固定することを考えましょう。

　セルB2の式をコピーしてセルC2に貼り付けると「＝C$1*B2」となり、列が右に移動してしまっているのがわかります（図7-43）。

	A	B	C	D	E
1		2	4	6	8
2	3	6	=C$1*B2		
3	5	10			
4	7	14			
5	9	18			

図7-43：列が右に移動してしまっている

　そこでA列を固定するために、Aの前に「$」を入れます（図7-44）。

	A	B	C	D	E
1		2	4	6	8
2	3	=B$1*$A2			
3	5	10			
4	7	14			
5	9	18			

図7-44：Aの前に「$」を入れる

セルB2の式をC2、D2、E2に貼り付けます。2列目の式も出題の意図通りに計算されました（図7-45）。

	A	B	C	D	E
1		2	4	6	8
2	3	6	12	18	24
3	5	10			
4	7	14			
5	9	18			

図7-45：セルB2の式をC2、D2、E2に貼り付ける

全部のセルに式を貼り付けてみましょう（図7-46）。

	A	B	C	D	E
1		2	4	6	8
2	3	6	12	18	24
3	5	10	20	30	40
4	7	14	28	42	56
5	9	18	36	54	72

図7-46：全部のセルに式を貼り付ける

[数式の確認方法]

経理の資料では、合計値はSUM関数で表示するべきです。数値を変更した場合に、自動的に合計値が変わるからです。きちんと合計値がSUM関数で集計されているのかを確認するのに、次のショートカットキーを覚えておくと便利です。

コマンドで操作する場合には、［数式］→［数式の表示］で行います。ショートカットキーの場合は、Ctrl + Shift + @ になります。ショートカットキーのほうがラクなのでこちらのやり方を覚えるようにしましょう。

Section 06 フィルター機能を効率的に利用するポイント

　フィルター機能も利用している人は多いでしょう。ここではすでにフィルター機能を利用していることを前提に、さらに利用しやすく操作できる方法を紹介します。

　ちなみに私が業務上で最もフィルター機能を利用するシチュエーションは、ピボットテーブル上でおかしな数値を見付け、元データに戻って確認するときです。

フィルターのショートカットキー

　[Shift] + [Ctrl] + [L]がフィルターのショートカットキーになります。キータッチ1回でフィルターの表示／非表示ができるので、非常に便利です。

右クリックキー

　ショートカットメニューにもフィルター機能があります。

　選択しているセルの情報で絞り込むことができます。さらにセルの色やフォントの色などで絞り込むことも可能です。

抽出条件のチェックはキーボードで行う

　[Ctrl] + [space]で抽出条件のチェックのオン／オフができます。

　項目がたくさんある場合、横のスライドバーで移動させてチェックをオン／オフするのは手間ですが、[Ctrl] + [space]を利用すればキーボードで下に移動させながらチェックをオン／オフができるのでラクです。

Section 07 経理なら必ず使いこなしたいVLOOKUP関数とエラーの対処法

いろいろな経理担当者と話していて、一番利用する関数の話題になったときに必ず出てくる関数が「**VLOOKUP関数**」です。これは、「①共通するデータ」をもとに、「参照元テーブル」のデータを「参照先テーブル」に「②表示させる」関数です。

関数式の説明

VLOOKUP関数の関数式は、次のとおりです。

関数式：VLOOKUP(検索値,範囲,列番号,検索方法)

検索値として指定した範囲の1列目から一致する値を検索し、その値から数えて指定した列にある値を返します。

VLOOKUP関数の処理手順

次のような表をもとに、VLOOKUP関数の処理手順を見ていきます。

処理手順
- 取引台帳に単価を反映させる
- 数量×単価で取引額を計算する

表7-3：単価表：商品名と値段の情報を持っている表

単価表	
商品名	単価
大根	200
にんじん	150
トマト	300

表7-4：取引台帳：仕入日、商品、数量があり、単価と取引額が未記載の台帳

取引台帳				
取引日	商品名	数量	単価	取引額
1月1日	大根	5		
1月1日	にんじん	6		
1月2日	トマト	10		
1月3日	トマト	8		
1月4日	にんじん	7		
1月4日	大根	13		
1月5日	にんじん	17		

表7-5：「単価表」「取引台帳」より、作成したい集計表

取引台帳				
取引日	商品名	数量	単価	取引額
1月1日	大根	5	200	1000
1月1日	にんじん	6	150	900
1月2日	トマト	10	300	3000
1月3日	トマト	8	300	2400
1月3日	にんじん	7	150	1050
1月4日	大根	13	200	2600
1月5日	にんじん	17	150	2550

①単価列の先頭セル（G3）に関数式を入力する

「=v」と入力すると入力ガイドが表示され、関数の候補が表示されます。さらに「l」を入力すると候補が絞られるので、Tabキーを押します。

②［検索値］を指定する

［検索値］は単価表と取引台帳に共通する項目です。今回は「商品名」が一致するので、「商品名」が［検索値］になります。

取引台帳の「商品名」は列Eにあるので、式は「=VLOOKUP(E3」となります（図7-47）。

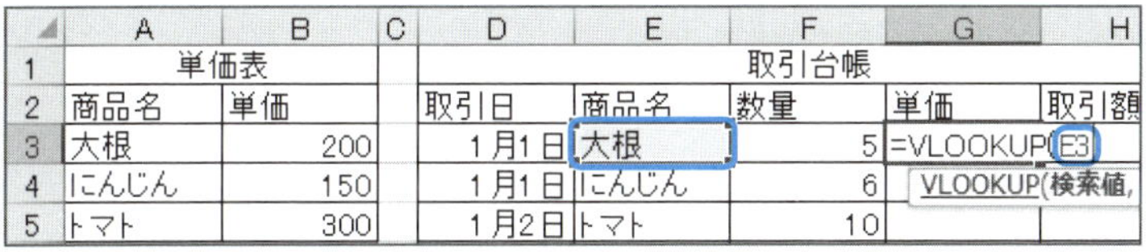

図7-47：［検索値］を指定する

③参照する範囲を指定する

単価表の検索値（商品名）と参照したい値（単価）を含む部分を選択します。なお、参照したい値は検索値より右側である必要があります（図7-48）。

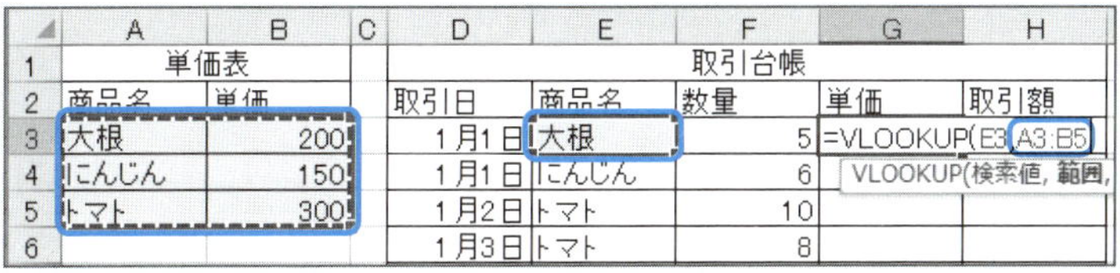

図7-48：参照する範囲を指定する

④参照する範囲を絶対参照にする

F4を押すと「A3:B5」が「$A$3:$B$5」になります（図7-49）。

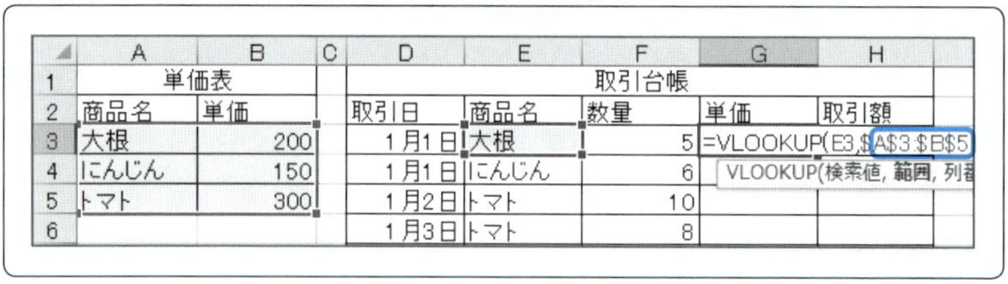

図7-49：参照する範囲を絶対参照にする

絶対参照にせず「A3:B5」のままの場合、G3の式をコピーしてG4に貼り付けると、範囲が移動します（図7-50）。もし、［検索値］が「大根」の場合、［範囲］から見付けられずエラーになります。

なお、絶対参照「$A$3:$B$5」にした場合、G3の式をコピーしてG4に貼り付けても、範囲は動きません。

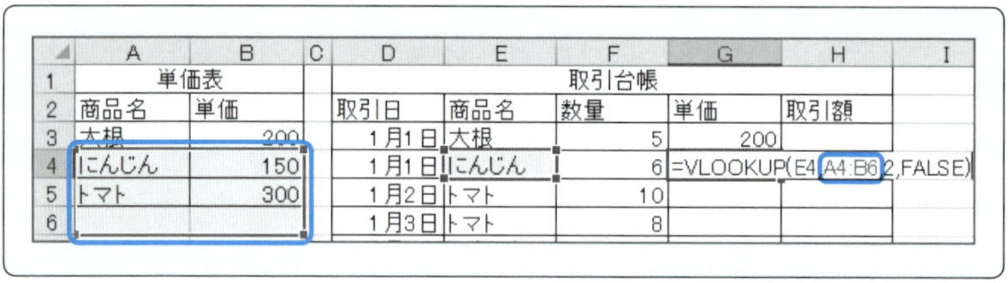

図7-50：相対参照だと範囲が移動する

⑤列番号を指定する

［検索値（E3）］を［範囲（A3:B5）］の左端列（A列）から検索し、一致した値を左端列を含めた列から数えて［列番号（2列目）］にあるセルの値を返します（図7-51）。なお、範囲の最初の列を1として数えます。

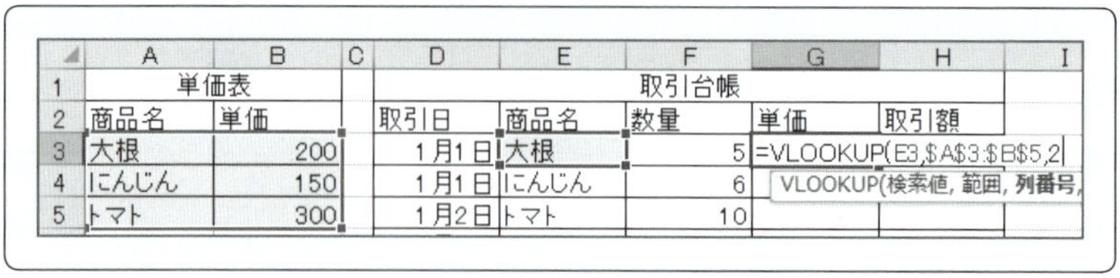

図7-51：列番号を指定する

⑥検索方法を指定する

検索方法には、TRUEとFALSEの2つがあります。TRUEは近似一致、FALSEは完全一致になります。TRUEの場合、範囲の先頭列の値を昇順で並べ替えておく必要があります。

VLOOKUPでは、完全一致（FALSE）のみ検索されるので、FALSEと入力すると覚えてください。

⑦取引額を計算する

単価表から大根の単価「200円」が返されるので、H3（取引額）に式（F3（数量）×G3（単価））を入力します（図7-52）。

	A	B	C	D	E	F	G	H
1	単価表			取引台帳				
2	商品名	単価		取引日	商品名	数量	単価	取引額
3	大根	200		1月1日	大根	5	200	=F3*G3
4	にんじん	150		1月1日	にんじん	6		
5	トマト	300		1月2日	トマト	10		

図7-52：取引額を計算する

⑧計算式をすべての取引に貼り付ける

G3とG4をコピーして、9行目まで貼り付けます（図7-53）。

	A	B	C	D	E	F	G	H
1	単価表			取引台帳				
2	商品名	単価		取引日	商品名	数量	単価	取引額
3	大根	200		1月1日	大根	5	200	1000
4	にんじん	150		1月1日	にんじん	6	150	900
5	トマト	300		1月2日	トマト	10	300	3000
6				1月3日	トマト	8	300	2400
7				1月4日	にんじん	7	150	1050
8				1月4日	大根	13	200	2600
9				1月5日	にんじん	17	150	2550

図7-53：計算式をすべての取引に貼り付ける

以上がVLOOKUP関数を利用しての取引台帳作成の操作手順になります。経理としては必ず使いこなしたい関数なので、覚えておきましょう。

エラーになる4つのケースと対処法

「VLOOKUP関数」は便利な関数ですが、いくつかの理由によってエラーになることがあります。どのような場合にエラーになるのかと、その対処法を押さえておきましょう。

たとえば、図7-54のようなVLOOKUP関数を使ったExcelがあります。

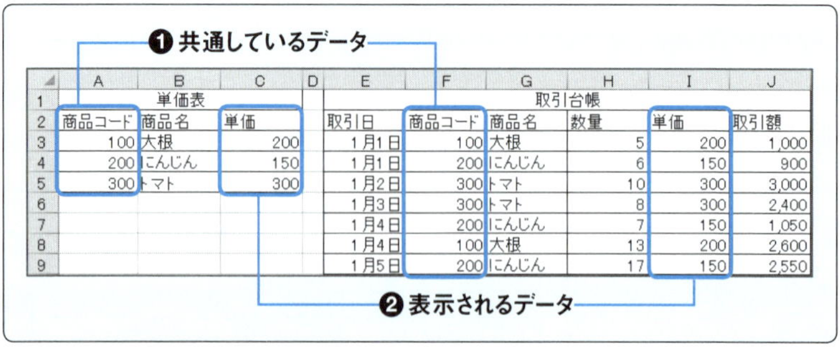

図7-54：VLOOKUP関数を使ったExcelの例

エラーになるケースは、2つのテーブルでの「共通しているデータ」が「一致していない」ケースです。

ここでは、「取引台帳（参照先テーブル）」に「単価表（参照元データ）」の単価を反映させたいが反映されないという事態が生じた場合の対処法を押さえておきましょう。

文字列と数値の違いによるエラー

図7-55のように、「取引台帳」の商品コードが「文字列」であるのに対して、「単価表」の商品コードが「数値」であるときにはエラーが生じます。

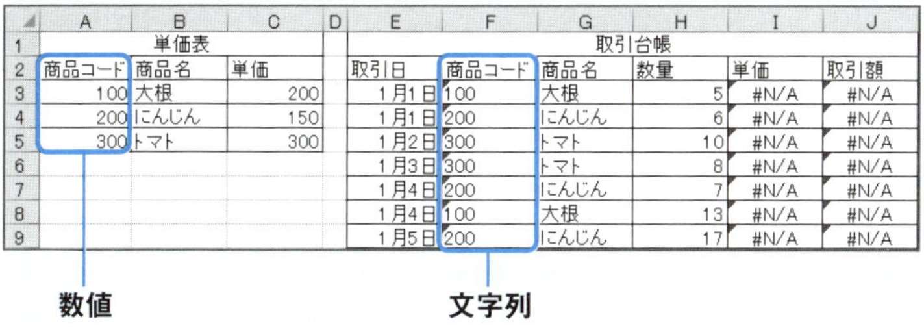

	A	B	C	D	E	F	G	H	I	J
1		単価表				取引台帳				
2	商品コード	商品名	単価		取引日	商品コード	商品名	数量	単価	取引額
3	100	大根	200		1月1日	100	大根	5	#N/A	#N/A
4	200	にんじん	150		1月1日	200	にんじん	6	#N/A	#N/A
5	300	トマト	300		1月2日	300	トマト	10	#N/A	#N/A
6					1月3日	300	トマト	8	#N/A	#N/A
7					1月4日	200	にんじん	7	#N/A	#N/A
8					1月4日	100	大根	13	#N/A	#N/A
9					1月5日	200	にんじん	17	#N/A	#N/A

図7-55：文字列と数値の違いによるエラー

［ エラーチェック機能を利用する ］

このようなエラーが起きたときには、**エラーチェック機能**を利用して対処します。まず、文字列をまとめて選択して、「！」マークをクリックします。続いて、［数値に変換する］を選択します。これでエラーを解消することができます（図7-56）。

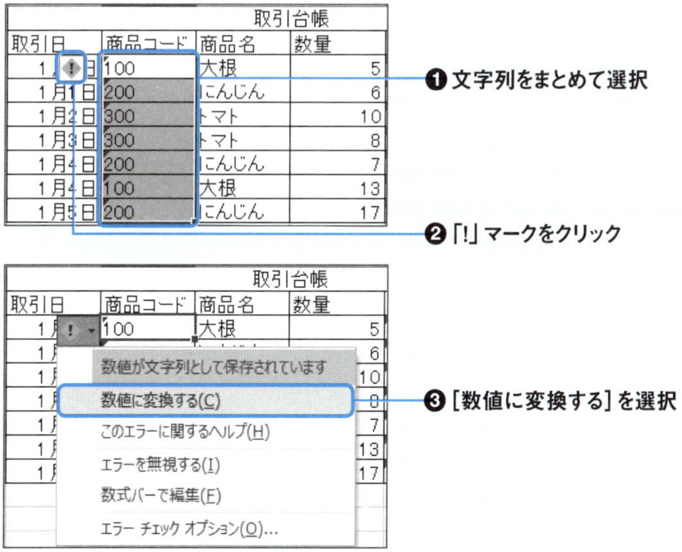

図7-56：エラーチェック機能を利用した対処法

［ 関数を利用する ］

　VALUE関数を利用すると、文字列の数字を数値に変換します（**図7-57**）。

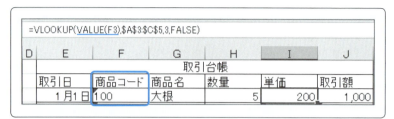

図7-57：VALUE関数を利用した対処法

スペースが入っていることによるエラー

　見た目ではわかりませんが、「にんじん　」といったように、文字の後ろにスペースが入っていることがあります（**図7-58**）。このような場合にもエラーが起こります。

図7-58：スペースが入っていることによるエラー

［ 置換を利用する ］

　この場合には、商品名の列を一括で選択し、検索する文字列に「　」（スペース）を入力して置換すればエラーを解消できます（**図7-59**）。

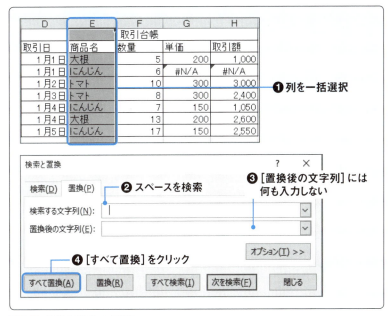

図7-59:置換を利用した対処法

[TRIM関数を利用する]

TRIM関数は単語間のスペースを1つずつ残して、不要なスペースをすべて排除する関数です。不要なスペースを削除することで、検索値と範囲の値を一致させます(図7-60)。注意点として値の中にスペースがある場合、スペースを削除することができません。

図7-60:TRIM関数を利用した対処法

半角／全角の違いによるエラー

参照元では全角、参照先では半角のようにデータに違いがあると参照されません（図7-61）。この場合、半角を全角に訂正すれば対処できます。

半角になっている

	A	B	C	D	E	F	G	H
1	単価表			取引台帳				
2	商品名	単価		取引日	商品名	数量	単価	取引額
3	大根	200		1月1日	大根	5	200	1,000
4	にんじん	150		1月1日	にんじん	6	150	900
5	トマト	300		1月2日	トマト	10	#N/A	#N/A
6				1月3日	トマト	8	300	2,400
7				1月4日	にんじん	7	150	1,050
8				1月4日	大根	13	200	2,600
9				1月5日	にんじん	17	150	2,550

図7-61：半角／全角の違いによるエラー

データがないことによるエラー

「取引台帳」に「ごぼう」を記録しているが、「単価表」に「ごぼう」がないといったように、データがないことでもエラーが起こります（図7-62）。

	A	B	C	D	E	F	G	H
1	単価表			取引台帳				
2	商品名	単価		取引日	商品名	数量	単価	取引額
3	大根	200		1月1日	大根	5	200	1,000
4	にんじん	150		1月1日	にんじん	6	150	900
5	トマト	300		1月2日	トマト	10	300	3,000
6				1月3日	トマト	8	300	2,400
7				1月4日	にんじん	7	150	1,050
8				1月4日	大根	13	200	2,600
9				1月5日	にんじん	17	150	2,550
10				1月5日	ごぼう	9	#N/A	#N/A

図7-62：データがないことによるエラー

[**参照元データを変更する**]

　このときには、「単価表」に「ごぼう」を追加し、範囲を再設定します。なお、「単価表」に追加しただけでは、範囲は「$A$3:$C$5」のままで「ごぼう」のある「C6」まで参照されません。そのため、範囲を「$A$3:$C$6」に変更します（図7-63）。

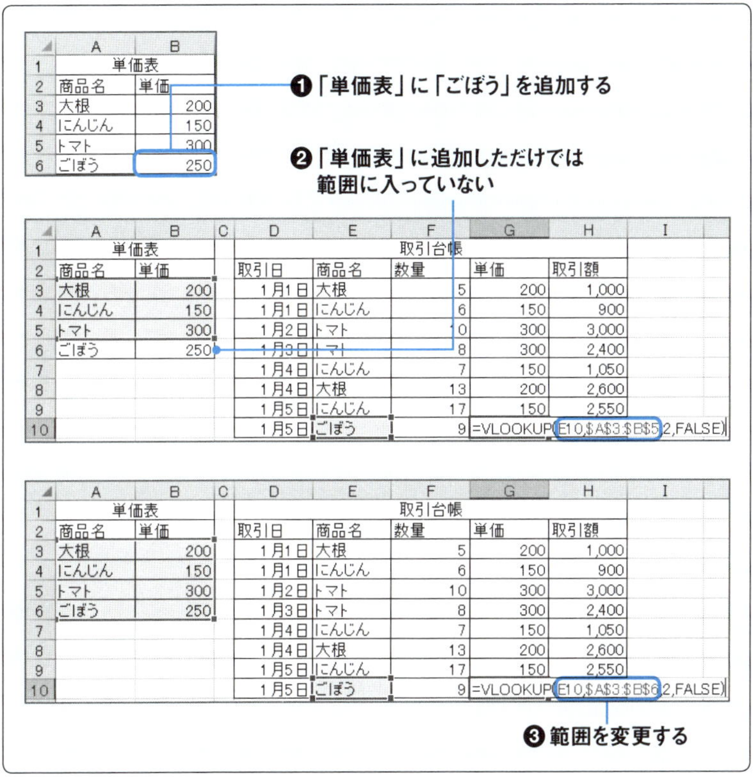

❶「単価表」に「ごぼう」を追加する

❷「単価表」に追加しただけでは範囲に入っていない

❸範囲を変更する

図7-63：参照元データを変更する手順

Section 08 覚える関数を少なくするいろいろな方法

　Excelといえば関数をたくさん知っていると使いこなしている感じはありますが、中には関数を使わずに別の方法で対応できるものもあります。

　関数を入力する際のナビ機能は便利ですが、それでもたくさんの関数を覚えるのは大変です。合計やデータ個数カウント、平均を確認するだけなら関数を利用しなくてもできます。ピボットテーブルを活用すれば、多くの関数を覚える必要がなくなります。

　覚える必要がなくなる関数の数は10以上にのぼりますし、関数ではやれないこともできてしまいます。別のやり方をすることで、覚える必要がなくなる関数には、表7-6のようなものがあります。

表7-6：ピボットテーブルで代替可能な関数

1	SUM	合計値を求める
2	SUMIF	単一抽出した合計値を求める
3	SUMIFS	複数抽出した合計値を求める
4	COUNT	数値の個数を求める
5	COUNTIF	単一抽出した数値の個数を求める
6	COUNTIFS	複数抽出した数値の個数を求める
7	COUNTA	データの個数を求める
8	AVERAGE	平均値を求める
9	AVERAGEIF	単一抽出した平均値を求める
10	AVERAGEIFS	複数抽出した平均値を求める
11	MAX	最大値を求める
12	MIN	最小値を求める
13	PRODUCT	積を求める
14	STDEV.S	不偏標準偏差を求める
15	STDEV.P	標本標準偏差を求める
16	VAR.S	不偏分散を求める
17	VAR.P	標本分散を求める
18	SUBTOTAL	上記関数を網羅

それでは関数の代わりに活用できるやり方を見ていきましょう。

右下のステータスバーで確認する

参考にしたい範囲を指定すると、ステータスバーで「平均」「データの個数」「数値の個数」「最小値」「最大値」「合計」の6つの集計値を確認することができます（図7-64）。

図7-64：集計値を確認することができる

表示項目は設定ができます。ステータスバーで右クリックしてメニューを表示させ、表示させた集計方法にチェックを入れます。

関数とピボットテーブルの使い分け

単純な「合計（SUM）」や「データ個数（COUNT）」を求めたいなら関数を利用するほうが早いでしょう。しかし、条件による集計を行いたいなら、関数を覚えるよりピボットテーブルで集計したほうが簡単です。

関数とピボットテーブルを比較して説明します。説明の中で使っているサンプルファイル「**第7章-07_関数とピボットテーブルの比較**」を用意し

ているので、参考にしてください。

[SUMIF関数による集計]

　SUMIF関数は、指定した条件を満たす範囲内の値を合計する関数です。関数式は、次のとおりです。

> 関数式：SUMIF(範囲,検索条件,合計範囲)

　範囲は、検索の対象となるセル範囲を指します。検索条件には、計算の対象となるセルを定義する条件を数値、式、または文字列で指定します。合計範囲には、実際に計算の対象となるセル範囲を指定します（図7-65）。

	A	B	C	D	E	F
1	取引日	商品名	性別	数量	単価	取引額
2	1月1日	大根	男	5	200	1,000
3	1月1日	にんじん	女	6	150	900
4	1月2日	トマト	女	10	300	3,000
5	1月3日	トマト	女	8	300	2,400
6	1月3日	にんじん	男	4	150	600
7	1月4日	にんじん	男	7	150	1,050
8	1月4日	大根	男	13	200	2,600
9	1月5日	きゅうり	男	17	100	1,700
10	1月5日	大根	男	2	200	400
11	1月7日	にんじん	男	4	150	600
12	1月7日	トマト	男	7	300	2,100
13	1月9日	トマト	女	8	300	2,400
14	1月9日	きゅうり	女	10	100	1,000
15	1月9日	大根	女	2	200	400
16	1月10日	にんじん	男	4	150	600
17	1月10日	きゅうり	男	9	100	900
18	1月11日	にんじん	男	4	150	600
19	1月11日	大根	男	7	200	1,400
20						
21	野菜名	合計額				
22	大根	=SUMIF($B$2:$B$19,A22,$F$2:$F$19)				
23	きゅうり	3,600				
24	にんじん	4,350				
25	トマト	9,900				
26	合計	23,650				

図7-65：SUMIF関数による集計

つまり、範囲にある商品名から一致する検索条件である野菜名を探し、その取引額を求めるわけです。

[ピボットテーブルで集計する場合]

集計したデータのどれかを選択した状態で、[挿入]タブの[ピボットテーブル]をクリックし、[ピボットテーブル]を選択します。

次に、ピボットテーブルを配置する場所を選択します。今回はデータのあるシート上で集計します。

行ラベルに「商品名」、値に「取引額」をドラッグして表示させます。

関数を使った場合と同じ集計ができました（図7-66・図7-67）。

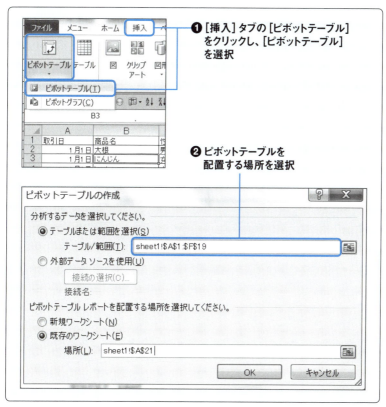

図7-66：ピボットテーブルで集計する手順①

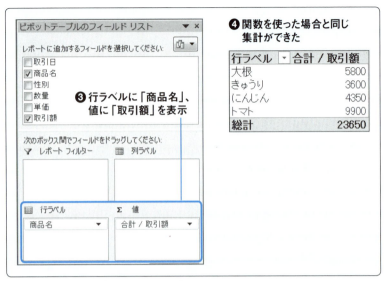

図7-67：ピボットテーブルで集計する手順②

次にそれぞれの野菜が男性、女性それぞれにいくら売れたのかを集計してみましょう。

[SUMIFS関数]

SUMIFS関数は、複数の検索条件に一致するすべての引数を合計する関数です。関数式は、次のとおりです。

> 関数式：
> SUMIFS(合計対象範囲,条件範囲1,条件1,条件範囲2,条件2)

合計対象範囲は、合計対象の実際のセルを指定します。
条件範囲は、特定の条件による評価の対象となるセル範囲をしています。
条件は、計算の対象となるセルを定義する条件を数値または文字列で指定します。

条件1でどの野菜ごとで集計するのかを判定し、条件2で男性、女性どちらが購入したのかを判定します（図7-68）。

	A	B	C	D	E	F
1	取引日	商品名	性別	数量	単価	取引額
2	1月1日	大根	男	5	200	1,000
3	1月1日	にんじん	女	6	150	900
4	1月2日	トマト	女	10	300	3,000
5	1月3日	トマト	女	8	300	2,400
6	1月3日	にんじん	男	4	150	600
7	1月4日	にんじん	男	7	150	1,050
8	1月4日	大根	男	13	200	2,600
9	1月5日	きゅうり	男	17	100	1,700
10	1月5日	大根	男	2	200	400
11	1月7日	にんじん	男	4	150	600
12	1月7日	トマト	男	7	300	2,100
13	1月9日	トマト	女	8	300	2,400
14	1月9日	きゅうり	女	10	100	1,000
15	1月9日	大根	女	2	200	400
16	1月10日	にんじん	男	4	150	600
17	1月10日	きゅうり	男	9	100	900
18	1月11日	にんじん	男	4	150	600
19	1月11日	大根	男	7	200	1,400
20						
21		合計額				
22	野菜名	男	女			
23	大根	=SUMIFS($F$2:$F$19,$B$2:$B$19,$A23,$C$2:$C$19,B$22)				
24	きゅうり	2,600	1,000			
25	にんじん	3,450	900			
26	トマト	2,100	7,800			
27	合計	13,550	10,100			

図7-68：SUMIFS関数による集計

[ピボットテーブルで集計する場合]

ピボットテーブルで集計する場合は、列ラベルに性別を追加するだけです。

[いろいろな抽出方法を押さえておく]

フィルター機能を使えば、選択したものだけを表示することもできます。選択している項目だけを抽出したい場合や、非表示したい場合は、右クリックからのフィルター機能が便利です。

● フィルター機能による抽出①

　抽出したい項目を選択した状態で、右クリックキーもしくは Shift + F10 →［フィルター］→［選択した項目のみを保持］を選択します。

● フィルター機能による抽出②

　行ラベルの横にある「▼」をクリックすると項目がリスト表示されます。ここで抽出したい項目のみにチェックを入れます。チェックのオン／オフは、Ctrl + space でも可能です。

● スライサー機能による抽出

　複数の選択をしたい場合には、スライサー機能も使えます。

　ピボットテーブルのどこかを選択した状態で、［オプション］タブの［スライサー］→［スライサー］をクリックします。次に、抽出したい項目にチェックを入れます。スライサーのボタンが表示され、抽出したいものを選択すると絞り込みがされます（図7-69・図7-70）。

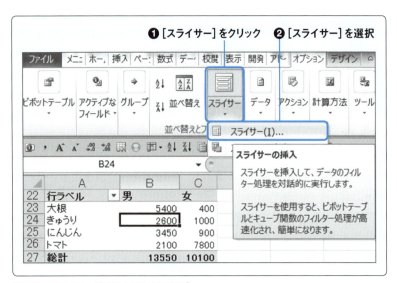

図7-69：スライサー機能による抽出の手順①

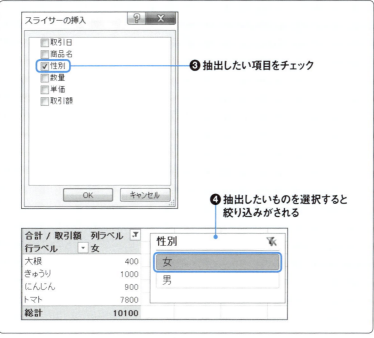

図7-70：スライサー機能による抽出の手順②

　スライサーの場合、Ctrlを押しながら選択すると部分選択、Shiftを押しながらだと選択した範囲が選択されます。
　では、次にどの野菜が何回売れたのかを集計してみます。

[COUNTIF関数による集計]

　COUNTIF関数は、指定された範囲に含まれるセルのうち、検索条件に一致するセルの個数をカウントする関数です。関数式は、次のとおりです。

関数式：COUNTIF(範囲,検索条件)

　範囲には、空白でないセルの個数を求めるセル範囲を指定します。
　検索条件には計算の対象となるセルを定義する条件を、数値、式、または文字列で指定します（図7-71）。

図7-71：COUNTIF関数による集計

[ピボットテーブルで集計する場合]

図7-72のピボットテーブルを作成します。

図7-72：ピボットテーブルを作成する

商品名を値ボックスで集計するピボットテーブルが作成されます。商品名は文字列なので、自動的にデータ個数を集計する方法が選択されます（図7-73）。

行ラベル	データの個数 / 商品名
大根	5
きゅうり	3
にんじん	6
トマト	4
総計	18

図7-73：COUNTIF関数と同じ集計がされた

[**COUNTIFS関数による集計**]

　COUNTIFS関数は、複数の範囲のセルで特定の条件に一致するセルの個数をカウントする関数です。関数式は、次のとおりです。

関数：
COUNTIFS(検索条件範囲1,検索条件1,検索条件範囲2,検索条件2)

　検索条件範囲には、特定の条件による評価の対象となるセル範囲を指定します。
　検索条件には、計算の対象となるセルを定義する条件を、数式、式、または文字列で指定します。
　検索条件1でどの野菜で集計するのかを判定し、検索条件2で男性、女性どちらが購入したのかを判定します（図7-74）。

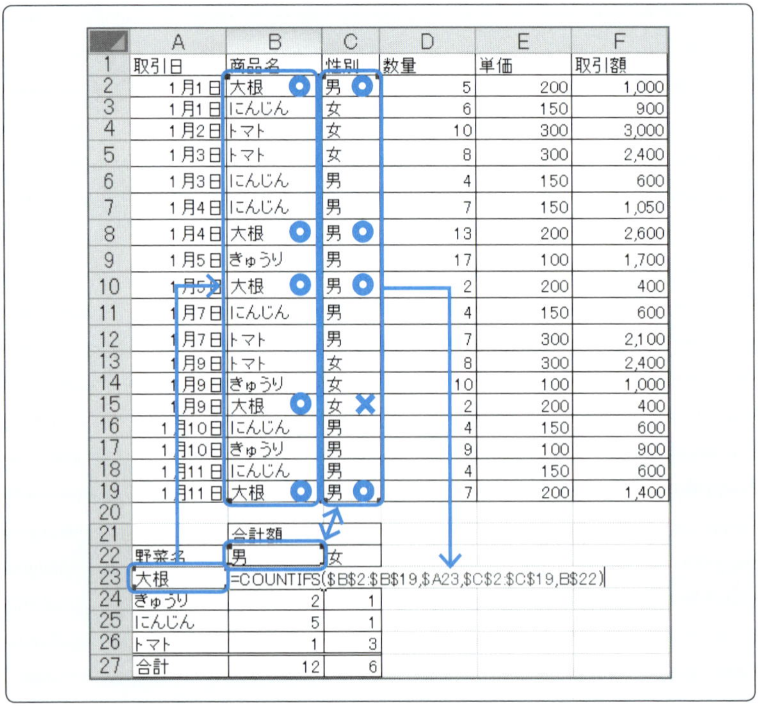

図7-74:COUNTIFS関数による集計

[**ピボットテーブルで集計する場合**]

図7-75のピボットテーブルを作成します。

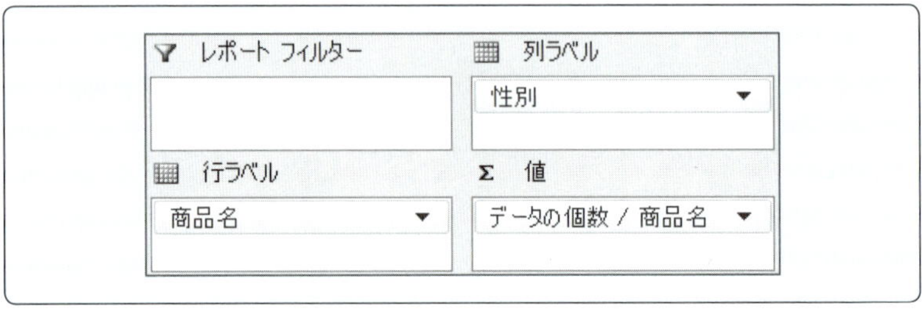

図7-75:ピボットテーブルを作成する

COUNTIF関数で作成したピボットテーブルの列ラベルに「性別」を加えた形です(図7-76)。

データの個数 / 商品名	列ラベル		
行ラベル	男	女	総計
大根	4	1	5
きゅうり	2	1	3
にんじん	5	1	6
トマト	1	3	4
総計	**12**	**6**	**18**

図7-76：COUNTIFS関数と同じ集計がされた

ここまで説明してきたのは、「すべて合計する」「1つの条件に絞って集計する」「複数の条件に絞って集計する」というパターンです。

すべてピボットテーブルで可能な集計であることが理解いただけたかと思います。

そこからフィルターやスライサーを使えば、条件を絞った集計ができるわけです。

SUBTOTALも覚えなくてよい

覚えなくてもよいと書きましたが、知っていて覚えないのと知らなくて覚えないのでは理解に違いが出ますし、ピボットテーブルとの比較するためにも、どのような関数であるか説明しておきましょう。

SUBTOTAL関数は、1つの関数でさまざまな集計ができる関数で、関数式は次のとおりです。

関数式：SUBTOTAL(集計方法,参照1...)

集計方法には集計に使用したい関数を、1～11の番号で指定します。

参照1に集計したい数値が入力されているセル範囲を指定します。たとえば、図7-77の取引額の平均額を集計したい場合、集計方法が「1」なので、関数式は「=SUBTOTAL(1,$F$2:$F$19)」となります。

	A	B	C	D	E	F	G	H	I	J	M
1	取引日	商品名	性別	数量	単価	取引額					
2	1月1日	大根	男	5	200	1,000		集計方法	集計機能	結果	
3	1月1日	にんじん	女	6	150	900		1	平均値	=SUBTOTAL(1,$F$2:$F$19)	
4	1月2日	トマト	女	10	300	3,000		2	数値の個数	18	
5	1月3日	トマト	女	8	300	2,400		3	データの個数	18	
6	1月3日	にんじん	男	4	150	600		4	最大値	3000	
7	1月4日	にんじん	男	7	150	1,050		5	最小値	400	
8	1月4日	大根	男	13	200	2,600		6	積	3.96016E+54	
9	1月5日	きゅうり	男	17	100	1,700		7	標本標準偏差	838.3817668	
10	1月5日	大根	男	2	200	400		8	標準偏差	814.7606253	
11	1月7日	にんじん	男	4	150	600		9	合計	23650	
12	1月7日	トマト	男	7	300	2,100		10	標本分散	702883.9869	
13	1月9日	トマト	女	8	300	2,400		11	分散	663834.8765	
14	1月9日	きゅうり	女	10	100	1,000					
15	1月9日	大根	女	2	200	400					
16	1月10日	にんじん	男	4	150	600					
17	1月10日	きゅうり	男	9	100	900					
18	1月11日	にんじん	男	4	150	600					
19	1月11日	大根	男	7	200	1,400					

図7-77：集計方法を数字で選択して集計方法を決める

「=SUBTOTAL (」と入力すると候補が表示されるので、選択することで集計方法を決めることができます。

このように集計方法の数字を変えることでさまざまな集計ができ、フィルター機能で抽出すれば、抽出した条件のみで集計することができます(図7-78)。

取引日	商品名	性別	数量	単価	取引額
1月1日	にんじん	女	6	150	900
1月2日	トマト	女	10	300	3,000
1月3日	トマト	女	8	300	2,400
1月9日	トマト	女	8	300	2,400
1月9日	きゅうり	女	10	100	1,000
1月9日	大根	女	2	200	400

集計方法	集計機能	結果
1	平均値	1683.333333
2	数値の個数	6
3	データの個数	6
4	最大値	3000
5	最小値	400
6	積	6.2208E+18
7	標本標準偏差	1047.695885
8	標準偏差	956.4111157
9	合計	10100
10	標本分散	1097666.667
11	分散	914722.2222

図7-78：フィルター機能による抽出

[ピボットテーブルでの集計]

ピボットテーブルでの集計の手順は、次のとおりです。

まず、値に「取引額」を表示させます。

取引額を選択した状態で右クリックをして［値フィールドの設定］を選択します。

［値フィールドの集計］から「平均」を選択します。

集計の方法は、SUBTOTAL関数と同じものが可能です。

ここに先ほど紹介したフィルター機能を利用すれば、それぞれの集計値の抽出が可能になるのです。つまり、IFやIFSでの集計値を求めることが可能というわけです。

集計方法の変更は、ピボットテーブルの集計方法を変更したい数値があるセルを選択した状態で、［オプション］タブの［集計方法］で行います。

図7-79：集計方法の変更

Section 09 文字列や数値を操作する関数

文字列や数値から指定した文字数を取得する関数

　ピボットテーブルで資料を作成する際に、行ラベルや列ラベルに利用したいデータが長過ぎると、データが横に広がり過ぎて見栄えが悪くなります。そこで、データの一部を取り出して利用する関数を使うと便利です。
　「東京都港区新橋1-1-1」を登録区分に分ける方法で説明します（表7-7）。

表7-7：文字列や数値から指定した文字数を取得する関数

LEFT	文字列の左から指定された数の文字を返す	=LEFT（文字列,3）	東京都
MID	文字列の指定した位置から、指定された数の文字を返す	=MID（文字列,4,2）	港区
RIGHT	文字列の右から指定された数の文字を返す	=RIGHT（文字列,7）	新橋1-1-1

　これらの関数では全角半角の区別はなく、1文字を1つとして処理します。文字列だけでなく数値でも使える関数です。

表示される数値をそろえるための関数

　資料で割り算の結果が割り切れず小数点以下が長々と表示されてしまうことがあります。すべて同じように表示されているのであればまだよいですが、ここの値は小数点以下2桁まで表示、ここは整数で表示と、表示される数値がバラバラだと見た目がよろしくありません。

　こんなときには、数値を切り捨て、切り上げ、四捨五入する関数を使用します。

　「数値」の桁数が指定した桁数になる関数には、**表7-8**のようなものがあります。

表7-8：表示される数値をそろえるための関数

関数式	桁数=1	桁数=2	桁数=0	桁数=−1	桁数=−2	説明
ROUND（数値,桁数）	333.3	333.33	333	330	300	数値を指定した桁数に四捨五入した値を返す
ROUNDUP（数値,桁数）	333.4	333.34	334	340	400	数値を切り上げる
ROUNDDOWN（数値,桁数）	333.3	333.33	333	330	300	数値を切り捨てる

Section 10 F9 F10 でローマ字入力を英数字に変換

　キーボード操作をしていて、半角／全角を使って切り替えるのが面倒だと思うときがあります。そこで利用したいのが**ファンクションキーのF9とF10**です。

　たとえば、「Excel」と入力したい場合、「えxせl」と入力して確定をする前にF10を3回タッチすることで、変換することができます。

　「えxせl」は「excel」と入力したものがローマ字入力で自動変換されているもので、確定する前であればF9やF10で切り替えることができるわけです。

　全文字を小文字にするのか、大文字にするのか、頭文字だけ大文字にするのかは、キーをタッチする回数で変わります。覚え方としては、「小文字」→「大文字」→「頭文字だけ大文字」です。

表7-9：F9、F10切り替え早見表

ファンクションキー	全角／半角	キータッチ回数	切り替え後文字	構成
F9	全角	1	ｅｘｃｅｌ	全小文字
		2	ＥＸＣＥＬ	全大文字
		3	Ｅxcel	頭文字のみ大文字
F10	半角	1	excel	全小文字
		2	EXCEL	全大文字
		3	Excel	頭文字のみ大文字

著者プロフィール

小栗 勇人（おぐり・はやと）
1980年生まれ。上場企業と上場企業子会社の2社で、経理業務を10年経験。Excelを使った経理業務の効率化を日々実践中。運営サイト「経理と事務の効率化」では、Excelだけでなく、AccessやWebサービスなどを利用して、経理だけでなく会社全体の効率化に役立つ内容も執筆している。また、他社の経理担当者と知り合える交流会や、他社の経理処理を知ることができる勉強会を毎月開催している。著書に『経理の仕事がサクサク進むExcel「超」活用術』（翔泳社）がある。

● 経理と事務の効率化
http://kouritu.net/

装丁・本文デザイン　FANTAGRAPH（ファンタグラフ）
DTP　　　　　　　　株式会社 シンクス

経理の力で会社の課題がわかる本
利益最大化 × EXCEL
カケル　エクセル

2017年9月12日 初版第1刷発行

著　者　　　小栗 勇人
発行人　　　佐々木 幹夫
発行所　　　株式会社 翔泳社（http://www.shoeisha.co.jp）
印刷・製本　日経印刷株式会社

©2017 Hayato Oguri

本書は著作権法上の保護を受けています。本書の一部または全部について（ソフトウェアおよびプログラムを含む）、株式会社 翔泳社から文書による許諾を得ずに、いかなる方法においても無断で複写、複製することは禁じられています。
本書へのお問い合わせについては、02ページに記載の内容をお読みください。
落丁・乱丁はお取り替えいたします。03-5362-3705までご連絡ください。
ISBN978-4-7981-5267-7　　　　　　　　　　　　　　　Printed in Japan